"十四五"职业教育国家规划教材

"十三五"职业教育国家规划教材

U0873677

中等职业教育
实战型
电子商务
系列教材

电子商务客户服务

(第二版)

主　编　周艳红

副主编　辛丽如　郭　明
　　　　沈　虹

参　编　李　娜　郑绪佳
　　　　魏　瑾　陈　曦

PPT课件　电子教案　课程标准　习题试卷　配套微课

中国人民大学出版社

·北京·

教材编写背景

公司介绍

A 电子商务有限公司成立于 2014 年，主要销售洗漱化妆包、收纳箱、旅行护照包等。

面对日益激烈的市场竞争，产品的差异和价格战的效果越来越小，多年的实战经验让公司经理认识到任何忽视客户的商业活动都不会成功，因为客户才是选择接受企业产品和服务、为企业带来利润的群体。于是他找到客服主管叮叮，让她加大对公司客服人员的培训，规范客服培训流程，形成一套系统的、适用的客服培训体系，让每一位客服都能熟练掌握客户服务技巧，更好地为客户服务。

人物介绍

叮叮：A 电子商务有限公司客服部主管，熟悉业务、经验丰富、乐于助人。

娜娜：某职业学校电子商务专业二年级学生，叮叮的学妹，性格开朗、专业知识扎实、热爱社会实践，暑期进入 A 电子商务有限公司实习。

前言

教育是国之大计、党之大计。培养什么人、怎样培养人、为谁培养人是教育的根本问题。本教材全面贯彻落实党的二十大精神和党的教育方针，深入实施科教兴国战略，坚持为党育人、为国育才，落实立德树人根本任务，培养德智体美劳全面发展的社会主义建设者和接班人。

新时代十年的伟大变革，在改革开放史、社会主义发展史上具有里程碑意义。改革开放和社会主义现代化建设深入推进，书写了经济快速发展和社会长期稳定两大奇迹新篇章。近年来我国电子商务发展迅猛，不仅创造了新的消费需求，引发了新的投资热潮，开辟了就业增收新渠道，为大众创业、万众创新提供了新空间，而且电子商务正加速与制造业融合，推动服务业转型升级，催生新兴业态，成为提供公共产品、公共服务的新力量，成为经济发展新的原动力。

电子商务客服是与客户直接联系的一线人员，承担着咨询服务、订单受理、客户投诉处理、市场调查等重任。电子商务企业客户服务的质量，直接关系到企业的形象，影响成交率及客户回头率。

职业院校电子商务专业技能型人才培养指导思想是：根据企业和劳动力市场对市场营销人才的需求，以服务经济建设为宗旨，坚持“以就业为导向”“以能力为本位”的教育理念，建立多样性与选择性相统一的教学机制，通过综合、具体的职业实践活动，帮助学习者积累实际工作经验，突出职业教育特色，全面提高学生的职业道德、综合素质和综合职业能力。基于这样的要求，职业院校必须加强教学实践环节，以提高职业综合能力为着眼点，使培养出来的学生能更好地适应社会、满足企业的要求。

本书对电子商务客服的理论和技能进行了论述和探讨。内容包括：初识电子商务客户服务，电子商务客户服务技能，电子商务客户分析，售前客户服务，售中客户服务，售后客户服务，电子商务客户关系管理与服务。本书以情景为主线，以任务为驱动，突出电子商务客服的实践性；通过“小提示”“小案例”“小知识”等小栏目增加教材的实用性、针对性和可读性。同时为便于教师教学、学生学习，每个项目后均设有综合练习题，教材还配有教学资源包，包括电子教案、参考答案、模拟试卷、经典案例、扩展资源等。

总体而言，本书具有以下四大特色：

1. 融入价值引领元素，全面落实立德树人根本任务

本书在编写过程中全面贯彻党的新时代教育方针，落实立德树人根本任务，凸显职业教育培养高素质技能型人才、能工巧匠、大国工匠的职业特色。在教材的各个项目和任务中，深入挖掘课程内容所蕴含的理想信念、社会主义核心价值观、德法兼修、诚实守信、工匠精神、中华美育精神等价值引领元素，引导职业院校学生树立正确的世界观、人生观、价值观，力求在传授知识的同时既突出育人价值，又“润物细无声”。

2. 根据电商专业教学标准、“1＋X”职业等级标准设置教材内容

“电子商务客户服务”是职业院校电子商务专业的一门核心课程，培养通过电子商务平台从事网络客户服务工作的、德智体美劳全面发展的高素质劳动者和技能型人才。本教材内容主要根据教育部职业院校电子商务专业教学标准进行设置，并参考了多省课标和技能高考考纲，以及“1＋X”网店运营推广职业技能等级证书考核中关于网店客户服务关键工作领域的客户问题处理、交易促成、客户关系维护等典型工作任务。

3. 校企合作编写，注重提升专业技能，实用性强

本书由校企合作共同完成，编写团队教师均为一线从事电子商务专业课程教学与实践指导的老师，企业人员为职业院校毕业后在义乌创业，现拥有两个注册品牌、多家网店的创业者段文成和公司网店客服部主管施文。

4. 情景导入、任务驱动，实践性强

全书由基础篇、实践篇、管理篇三部分组成，共七个项目，均采用项目（学习目标、叮叮说案例、点燃思考、综合练习）—任务（情景导入、任务目标、素养园地、知识热身、任务实施、任务小结）的知识体例。

本书既适用于职业院校电子商务、市场营销、工商管理等专业的“电子商务客户服务”课程教学，又适合从事电子商务工作的有关人员阅读，还可供电子商务人员、网络营销人员、企业经理、营销管理人员自学、培训学习使用。这里需要特别指出的是，平台的相关规则、要求等在实时更新，书中只提供原则性的示范，具体内容以平台的最新规则为准，读者可以自行上网查阅。

本书由周艳红任主编，负责构思、统稿；辛丽如、郭明、沈虹任副主编；李娜、郑绪佳、陈曦、魏瑾参与编写；段文成、施文进行专业实训编写指导；郭明负责资料收集和校对。具体编写分工为：项目一由李娜编写，项目二、项目六由辛丽如编写，项目三由郑绪佳编写，项目四、项目五由周艳红、魏瑾编写，项目七由沈虹、陈曦编写。

本书在编写过程中，得到了赣州职业技术学院、广东省粤东技师学院、武汉市供销商业学校、章丘中等职业学校、汕头市鮀滨职业技术学校、武汉市仪表电子学校、大连市经济贸易学校、义乌市蓓尚电子商务有限公司及中国人民大学出版社的大力支持和帮助，在此表示衷心的感谢！

编者

目 录

基础篇

实践篇

管理篇

基础篇

项目一

初识电子商务客户服务

学习目标

● 知识目标

1. 了解客户服务的含义；
2. 掌握客户服务的分类；
3. 了解客服考核指标。

● 能力目标

1. 认知客户服务的重要性；
2. 提升电子商务客服的基本素养；
3. 具备金牌客服的五种能力。

● 素养目标

1. 培养服务意识，增强民族自豪感和自信心；
2. 提升思辨能力，塑造专业品格；
3. 培养爱岗敬业、开拓进取的职业精神。

叮叮说案例

做好电子商务客户服务，真的了不起！

一家电子商务公司到某职校招聘客服，同学们纷纷拿着简历欣然前往。在面试会场，面试官的几个问题“粉碎”了班里一个女同学的就业梦想。

面试官问：“你能谈谈对客服岗位的认识吗？”

她说：“客服是通过与客户聊天，解决对方的问题。”

面试官继续问：“你认为自己做客服的优势有哪些呢？”

她回答：“我打字很快。”

面试官笑着说：“非常抱歉，还是建议你再慎重考虑一下。”

这位女同学非常懊恼，她想不明白这家企业为什么没有选中她，在她看来，自己很优秀，已经具备了客服的基本技能，可以胜任客服工作。

后来，她找到面试官询问原因，面试官指出她的不足：“虽然你对客服岗位有所认识，但是你并不理解客服的含义和客户服务的真谛。我们不能仅凭借你的打字速度快就录用你，你具备的这个技能大多数人都具备。优秀的客服不仅要把客户想买的东西卖出去，而且要能够向客户阐述产品的卖点，把想卖的东西卖出去。”这位女同学羞愧地低下了头。

点燃思考

娜娜：“原来要胜任电子商务客服工作并不容易，那么，我们应该怎么做呢？”

叮叮：“从上面的案例我们可以看出，这位女同学没有弄明白什么是客户服务、客服要具备的基本素质以及客户服务的重要性。对于电子商务客服来说，除了要有较快的打字速度，还要熟练掌握业务知识，以热情的服务态度真诚地与客户沟通，从而把想卖的东西卖出去。做好电子商务客户服务，真的了不起！”

任务一　初识客户和客户服务

情景导入

娜娜进入A电子商务有限公司实习，人事主管安排她到客服部报到。首先，迎接娜娜的是为期一周的岗前培训。她不但要学习公司的管理规定，还要了解客服这个岗位。她深知客户服务的重要性，要做好客服工作，首先要从认识客户和客户服务开始。

任务目标

★ 了解客户和服务的含义

★ 熟知客户服务的含义和分类

★ 认知客户服务的重要性

★ 培养服务意识，增强民族自豪感和自信心

素养园地

海尔——让国人骄傲的民族品牌

海尔集团创立于1984年，是一家全球领先的美好生活解决方案服务商。在持续创业创新过程中，海尔集团始终以用户体验为中心，坚持“人的价值第一”的发展主线。

创业伊始，海尔提出“真诚到永远”的理念，以高质量、高品质实现企业对用户的诚信承诺。1985年，海尔通过“砸冰箱”砸出了质量意识。1988年，海尔冰箱荣获中国电冰箱史上的第一枚金牌。产品的高质量，成为海尔创业的基石。

20世纪90年代，海尔推出了“送装一体”的星级服务，更好地满足用户需求。在海外，依托对本土用户需求的精准把握，海尔以差异化的产品和服务，树立起中国家电的国际化名牌。

1995年，海尔提出“星级服务”，宗旨是“用户永远是对的”。即用户就是“衣食父母”，只要能够不断给用户提供最满意的产品和服务，用户就会给企业带来最好的效益。

进入互联网时代，海尔探索从传统的科层制企业转型为共创共赢的创业平台，其目的是通过组织变革让每个人直面用户，让每个创客能够与用户“零距离”，打造出互联网时代的诚信品牌。

海尔自主创牌战略背后是一套与众不同的全球化模式——人单合一模式，全称“人单合一双赢模式”，“人”即为员工，“单”即是市场目标。“人单合一”是让员工与用户“融为一体”。而“双赢”则体现为员工在为用户创造价值的同时体现出自身的价值。员工成为自主创新的主体，由此形成了企业与员工之间关系的一个新格局。即由原来员工听企业的，现在变成员工听用户的、企业听员工的。这种模式的本质是以用户需求为核心，它让海尔在全球范围内高速发展。

评析：

民族品牌，国之骄傲。海尔集团注重质量和服务，始终以用户体验为中心，踏准时代节拍，从资不抵债、濒临倒闭的集体小厂发展成引领物联网时代的生态型企业。海尔一直用自己不断的创新实践，为时代前行探索新思路，在不断创新的路上变大变强。在这个经济全球化时代，中华民族独特的文化魅力在品牌中得到沉淀和传承，中华民族蓬勃的生命力在品牌中得到展示和彰显。我们要认识自己的民族品牌，感受我们的民族精神，增强民族自豪感和自信心。

知识热身

企业不可避免地要与客户打交道，在市场竞争日益激烈的情况下，更多的企业认为，企业真正的盈利模式是不断地为客户创造价值。客户服务已经成为企业提高综合竞争力的手段之一。

一、客户与客户服务

1. 客户

（1）客户的含义。客户指购买产品或服务的群体。从广义上讲，在工作领域任何依赖企业的人或组织都可能是企业的客户。从狭义上讲，客户是指那些直接从企业的工作中受益的人或组织。

（2）客户的分类。通常，企业依据客户的过往表现及现在的贡献度、未来的潜力挖掘等方面，把客户分为四类：普通客户、潜在客户、核心客户、VIP（贵宾）客户。企业可以对不同类别客户的消费行为进行分析，也可以对客户的消费心理进行分析，进而为客户提供不同的产品内容，采用不同的促销手段等。经营好客户是企业得以生存的前提。

2. 服务

服务是个人或社会组织为消费者直接或凭借某种工具、设备、设施和媒体等所做的工作或进行的一种经济活动，是向消费者个人或企业提供的，旨在满足对方某种特定需求的一种活动。

3. 客户服务

（1）客户服务的含义。客户服务（Customer Service），是指企业为目标客户提供适当的产品或服务，满足客户的适当需求，使企业和客户的价值都得到提升的活动过程。广义上讲，任何能提高客户满意度的内容都属于客户服务的范围。

（2）客户服务的主要工作内容。客户服务工作主要包括客户接待、客户投诉的响应、客户满意度管理、客户咨询解答、售后服务等方面。

二、客户服务的分类

扫一扫

客户服务的分类

客户服务，按不同的划分标准有不同的类型，下面主要介绍常用的几种划分标准及分类，如图 1-1 所示。

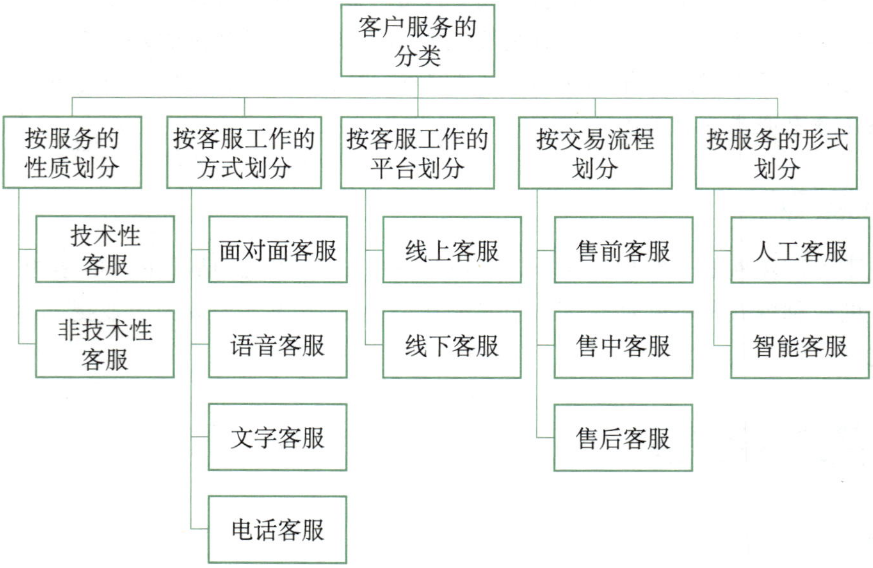

图 1-1　客户服务的分类

1. 按服务的性质划分，可分为技术性客服和非技术性客服

（1）技术性客服。技术性客服是指为客户提供与产品的技术和使用有关的服务，一般由专门的技术人员担任。主要服务内容包括产品的安装、调试、维修以及技术咨询、技术指导、技术培训等。

（2）非技术性客服。非技术性客服是指提供与产品的技术和使用无直接关系的服务。服务内容比较广泛，如广告宣传、产品介绍、接受客户咨询、帮助客户解答疑惑、送货上门等。

2. 按客服工作的方式划分，可分为面对面客服、语音客服、文字客服和电话客服

（1）面对面客服。面对面客服是指当面为客户提供服务，如在酒店、商场等场所中所提供的服务。

（2）语音客服。语音客服是指以语音、视频等形式进行的客户服务。

（3）文字客服。文字客服是指主要以打字聊天的形式进行的客户服务。

（4）电话客服。电话客服是指主要以电话通话的形式进行的客户服务。

3. 按客服工作的平台划分，可分为线上客服、线下客服

（1）线上客服。线上客服也称电子商务客服，是指以电子商务网站为平台，客服人员通过在线沟通工具，为客户提供商品信息咨询、商品推荐、引导客户下单、售后等服务。天猫客服、淘宝客服、京东客服等都属于电子商务客服。

（2）线下客服。线下客服通常指在专卖店、超市、商场以及大型场所工作的前台服务人员，如超市、商场的导购人员，酒店的大堂服务员等。线下客服人员主要做为客户介绍商品信息、推荐商品及发放优惠券、停车券、房卡等工作。

4. 按交易流程划分，可分为售前客服、售中客服和售后客服

一个完整的交易流程包括售前、售中和售后服务三个部分。

（1）售前客服。售前客服是企业在客户未接触产品之前所开展的一系列刺激客户购买欲望的服务工作。售前客服的主要目的是协助客户做好规划和需求分析，使得产品能够最大限度地满足客户需要。售前客服的工作内容多种多样，包括提供信息、市场调查预测、产品定制、加工整理、提供咨询、接受电话订货和邮购、财务服务等。

（2）售中客服。售中客服是指在产品销售过程中为客户提供的服务。客服人员与客户进行充分沟通，深入了解客户需求，协助客户选购最合适的产品。如热情地为客户介绍、展示产品，详细说明产品使用方法，耐心地帮助客户挑选产品，解答客户提出的问题，等等。售中客服与客户的实际购买行动相伴随，是促进产品成交的核心环节。售中客服的目标是为客户提供性价比最优的解决方案。

（3）售后客服。售后客服是在产品出售以后所提供的各种服务活动。从推销工作来看，售后客服也是一种促销手段。在追踪跟进阶段，客服人员要采取各种形式的配合步骤，通过售后客服来提高企业的信誉，扩大产品的市场占有率，提高客服工作的效率及收益。

5. 按服务的形式划分，可分为人工客服和智能客服

（1）人工客服。人工客服是指通过各种即时通信软件与客户进行交谈，一般有固定的在线时间（工作时间），客户在客服的工作时间内向客服咨询可得到相应的答复。

（2）智能客服。智能客服也称机器人客服，它是在综合学科知识基础上发展起来的一项面向行业的应用技术。智能客服可以帮助企业完成一些高频的问答，降低人工客服的人力资源消耗。客户在智能客服页面输入问题后提交，智能客服会给出相应的答案。

小案例

AI 智能客服为电商客户服务赋能

乐言科技是一家人工智能科技企业，成立于 2016 年 4 月，致力于将 AI 前沿技术赋能各垂直行业客户。其主要产品“乐语助人”智能客服是一款可自动应答、能深度训练对话、完美协同人机交互的 AI 客服机器人，产品被广泛应用于淘宝、天猫等电商平台。

“乐语助人”智能客服机器人基于自然语言处理、知识图谱、深度学习等领先的人工智能技术，通过对问题的分析，获取客户的意图，从而承接了从买家咨询接待，到业务问题处理、智能推荐，再到物流查询、催好评、退换货等客情维系等方面的一整套 2C 服务闭环。智能客服机器人是 AI 技术商业落地场景中常见的应用场景，它具有接收和处理问题的能力，可以代替人工客服执行客户服务任务。

三、客户服务的重要性

1. 优质的客户服务是最好的企业品牌

客户服务对于一个企业来讲，能够创造另外一种品牌，那就是服务品牌。客户服务听起来简单，但企业要不断地为客户提供高水平、热情周到的服务却不是一件容易的事情。做广告通常能够在短时间内获取大量的客户，产生大量购买行为。但是客户服务不是短期的，而是长远的。良好的口碑会给企业带来更多的客户，而这种口碑不是广告做出来的，而是客户与客户之间信息的传递带来的。它是企业经营成本最低的一种获利方式。

小资料

美国企业家大卫·斯坦博格说："经营企业最划算的方式是为客户提供最优质的服务，而客户的推荐会给企业带来更多的客户，在这一点上企业根本不用花一分钱。"

小案例

海尔集团对产品的营销没有采用低价策略，海尔的有些产品甚至比国内其他品牌的同类产品价格要贵一些。然而，这并没有影响海尔产品的销售。海尔凭借自身优质的服务创造了优质的品牌。客户在使用产品的过程中，如遇到问题，拨打报修电话，24 小时内就会有维修人员与客户联系维修，服务态度非常热情，这就是优质的服务品牌。海尔通过客户服务创造一种品牌，带动了高价产品的销售，体现出服务竞争的优势。

2. 出色的客户服务使企业具有超强的竞争力

客户对服务的要求越来越高，企业只有提供具有超强竞争力的服务才会得到客户的认可。企业对客户体验的重视程度对其业务有直接影响。现如今，产品同质化的情况越来越严重，客户在选择产品时，往往会更看重企业的服务质量，客户服务变得越来越重要。企业需要以整体化和个性化的方式来满足客户的需求，以建立其竞争优势。

小提示

企业要在市场竞争中生存，除了对销售的产品质量严格把关外，还要使客户对企业所销售的产品充满信心，最重要的是"诚信、热情和优质的服务"。

任务实施

海尔集团从一家资不抵债、濒临倒闭的集体小厂发展成为全球家用电器制造商之一，是凭借什么样的服务理念发展壮大起来的呢？在本任务中，我们将一起探索海尔的成功之路。具体安排如图 1－2 所示。

- 走近客户服务第一步：初识客户服务
  - 走进海尔集团官网服务
  - 对话温暖的海尔智家“小智”
  - 赏析海尔集团经典服务案例

图 1－2　初识海尔客户服务

STEP1　走进海尔集团官网服务

小提示

海尔集团自创立以来，一直坚持“真诚服务到永远”的服务理念。海尔客服中心也在这一理念的指导下不断突破创新，从关注交易量到关注用户、关注用户体验，赢得了用户的信赖与支持。如今，以海尔客服中心为代表的智慧场景客服的出现，使得“客户服务”这一常规工作正在由“服务中心”转变为“体验中心”。当下，用户对客服的期望更多的是“即需即响应”和“费力度最低”。即用户在找客服的时候，希望客服第一时间响应；用户在解决问题的过程中，希望客服能懂自己，沟通不费劲。

请登录海尔集团网站，搜索关于“售后服务”的信息，了解海尔官网为个人用户提供的服务，完成表 1－1 的填写。

表 1－1　海尔集团售后服务

海尔集团服务理念		
服务项目	咨询帮助热线	
	App 名称	
	个人用户自助服务	

STEP2 对话温暖的海尔智家“小智”

小提示

对于海尔客服而言，面对品类繁多且具有专业性的家装场景，如何快速、准确地解答用户的问题，是一个难题。海尔客服从传统的客服运营模式转变为基于数字化和人工智能技术的平台化服务，以统一的数智化客服平台十全场景的AI能力，提升全流程闭环效率。智能客服的应用，一方面缩减了客服人员的培训时间，提高了工作效率；另一方面保证了客服人员接待咨询工作的即时响应，即问即答。

请通过手机微信进入“海尔智家App”小程序，了解智能客服“小智”的服务，并完成表1-2的填写。

表1-2 “小智”的服务

	你咨询的问题	“小智”的回答
安装服务	问题1： 问题2：	
维修服务	问题1： 问题2：	
家电清洗	问题1： 问题2：	

STEP3 赏析海尔集团经典服务案例

小案例

张瑞敏砸冰箱

1985年12月的一天，时任青岛海尔电冰箱总厂厂长的张瑞敏收到一封用户来信，反映工厂生产的电冰箱有质量问题。张瑞敏带领管理人员检查了仓库，发现仓库的400多台冰箱中有76台不合格。张瑞敏随即召集全体员工到仓库开现场会，问大家怎么办。当时多数人提出，这些冰箱是外观划伤，并不影响使用，建议作为福利便宜点儿卖给内部职工。而张瑞敏却说：“我要是允许把这76台冰箱卖了，就等于允许明天再生产760台、7 600台这样的不合格冰箱。放行这些有缺陷的产品，就谈不上质量意识。”他宣布，把这些不合格的冰箱全部砸掉，谁造的谁来砸，并抡起大锤亲手砸了第一锤。

案例分析：在商品短缺的商业环境下，张瑞敏带头砸毁76台不合格冰箱，他们砸的不仅仅是冰箱，更重要的是要砸掉旧的思想和观念，让大众看到了他们对质量、对服务的追求，这是塑造海尔精神很重要的一步。质量就是企业的生命，诚信经营就是企业生存的基础。

海尔的产品走进千家万户，海尔的优秀服务案例也有很多，请通过网络搜索，了解更多关于海尔的优秀服务案例，完成表 1－3 的填写。

表 1－3 海尔的优秀服务案例

序号	海尔的优秀服务案例	案例分析
1		
2		

任务小结

本任务主要学习客户服务的含义、分类，以及客户服务的重要性，并通过搜集海尔集团的信息，了解海尔集团的客户服务理念及客服岗位职责和要求等。

任务二 了解电子商务客户服务

情景导入

经过一天的学习，娜娜认识到了客户服务的重要性，感受到自己肩负的担子之重，更加意识到自己要好好学习客户服务知识。

任务目标

★ 了解电子商务客服的概念
★ 了解常用的电子商务平台的沟通工具
★ 提升电子商务客服的基本素养
★ 培养爱岗敬业、开拓进取的职业精神

素养园地

不会的学会，会做的做好

小张是个“95 后”，毕业时选择了在一家电商企业当客服。最平凡的工作，月收入却超万元，最近还成了公司的股东，得到了公司 10％的股份。

小张最初选择做客服是因为胆子小，她认为自己除了做客服做不了别的事情。在客服的工作岗位上，她在与顾客交谈时，特别有耐心，因此交易成功率比较高，回头客也特别多。在做客服工作之余，她还主动到库房帮忙打包，学习商品拍摄和店铺装修。

小张说："公司的重用让我有些惶恐，我觉得自己能力一般，担心做的没有人家好，就把能做的多做一点，会做的事尽力做好。这可能也是老板信任、重用我的原因吧。"

评析：

电商客服岗位所需要的知识和技能，对大多数人来讲都不难。为何还有许多人被炒鱿鱼或拿不到高薪？不是因为他们不会，而是会做的没有做好。小张做的是大多数客服都会做的，但是她的耐心、细心，她的不分你我，主动帮忙打包、装修店铺，却是许多人做不到的。不会的学会，这是掌握职业技能；会做的做好，这是爱岗敬业、开拓进取的职业精神。一个人要有职业技能，更要有职业精神。

知识热身

随着网络的发展，电子商务的发展也越来越快，无论是国内电子商务还是跨境电子商务，都离不开电子商务客服工作。目前，市场对电子商务客服岗位的需求量越来越大。

一、电子商务客服的含义

电子商务客服是指在互联网上为客户提供服务的工作人员，主要借助网络即时通信工具进行售前、售中和售后服务。

电子商务客服承担着处理客户投诉、订单业务受理（新增、补单、调换货、撤单等）等工作，是通过各种沟通渠道参与客户调查、与客户直接联系的一线业务受理人员。电子商务客服作为承上启下的信息传递者，还肩负着及时将客户的信息和需求传递给公司其他部门的责任，如客户对于产品的意见建议、线上线下订单操作的修改反馈等。

二、电子商务客服的分类

电子商务客服可以按工作方式、交易流程和业务职能进行划分。

1. 按工作方式划分，电子商务客服分为网络客服和电话客服

（1）网络客服。网络客服是指客服人员通过网络，以沟通工具、留言本或弹出输入框等方式回复客户的相关咨询问题。网络客服的主要工作内容：接受订单，处理货单，接受产品咨询，给新老客户讲解产品，介绍公司新出的优惠政策，维护客户关系，等等。电子商务平台以网络客服为主。

（2）电话客服。电话客服是指客服人员通过电话与客户进行沟通交流，维护客户关系。电话客服主要用于处理客户的投诉问题，也可以用于收集客户的意见和建议，方便企业不断优化自身的产品和服务。

目前，一些电子商务平台，如淘宝网、京东商城等，已经开始采用机器人智能客服回答客户咨询的问题。

2. 按交易流程和业务职能划分，电子商务客服分为售前客服、售中客服和售后客服

（1）售前客服。售前客服是指在产品出售前客服人员为客户提供的一系列服务工作，

即付款前的所有工作属于售前客服服务内容。如：在线提供咨询服务，了解客户需求，进行针对性的产品推荐，引导客户下单，修改价格，引导付款，催付，等等。

（2）售中客服。售中客服是指对有效订单的处理，指在客户付款后到客户签收这一过程中为客户提供的服务，如：核对订单信息，添加备注，打单发货，物流跟踪，查询物流信息，派送签收提醒，等等。

（3）售后客服。售后客服是指在产品被客户成功签收后，客服人员为客户提供的一系列服务，如：缺件、破损件处理，退款、退换货处理，等等。

小提示

实际经营中，电商企业在设置客服岗位时，有的以客户签收为界，只分为售前客服和售后客服；有的企业认为提交订单前的工作属于售前客服工作范畴，催付、打单发货、物流跟踪等属于售中客服工作范畴，客户签收后的内容属于售后客服工作范畴；也有企业认为售前、售中以付款为界，售中、售后以发货为界。各观点均有一定的合理性，企业可结合自身的岗位设置情况以及考虑客服工作内容前后衔接的顺畅性采用适合自身的划分方法。读者在学习中重点掌握各交易流程中客服具体工作内容即可。

三、客服人员的基本素养

扫一扫

客服人员的基本素养

一名合格的客服人员，要有热情的服务态度、熟练的业务知识、持之以恒的工作热情，并且要耐心地为客户讲解、虚心地听取客户的意见等。客服人员的基本素质主要包括以下四个方面，如图 1－3 所示。

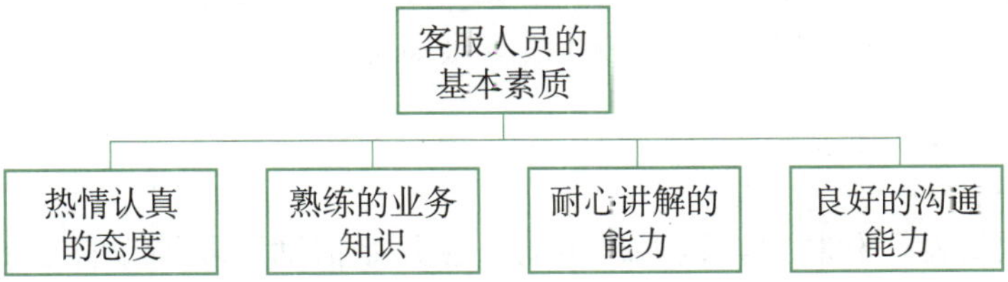

图 1－3　客服人员的基本素质

1. 热情认真的态度

客服人员只有热爱客户服务这个事业，才能全身心地投入工作中。微笑是无声却最有力的语言，要注意保持微笑，真诚地为客户服务，保持热情认真的服务态度，这是成为一个合格的客服人员的先决条件。

2. 熟练的业务知识

要具备熟练的业务知识，不断努力学习，了解更多关于产品和服务等方面的业务知识，准确无误地为客户提供产品信息咨询、订单处理及投诉建议等各项服务，让客户得到更好的服务。

3. 耐心讲解的能力

在工作过程中，客服人员应保持语气平和、语调适中。如遇到客户不懂或很难解释的问题，要耐心讲解，直到客户听懂、满意为止。

4. 良好的沟通能力

良好的沟通能力是客服人员必备的基本素质。客服人员要注意倾听客户、了解客户、启发客户、引导客户，这些是客服人员与客户交流时的基本功。只有了解客户的需求，才能给予客户相应的服务和帮助；只有倾听客户，才能了解客户为什么抱怨和不满，进而找出问题、解决问题。

四、客服常用沟通工具

很多电子商务交易平台都提供即时通信工具，各种即时通信工具可以实现在线语音、文字、图片、视频等的交流。客服人员需要掌握一定的即时聊天工具的使用方法和技巧，该内容将在项目四中进行详细介绍。

1. 阿里巴巴旗下的“千牛”

千牛-卖家工作台是阿里巴巴旗下的一款多功能商家助手，淘宝卖家、天猫商家均可使用。千牛功能强大，涵盖了卖家工作台、消息中心、订单管理、商品管理、店铺管理、营销推广等多个方面。

2. 京东商城的“京东咚咚”

京东咚咚是京东推出的一个即时通信工具，面向京东个人用户、商家客服和京东客服。

京东咚咚主要提供两大功能：一是与好友沟通，点击“添加”按钮，就可以找到自己的朋友，与他们进行私聊或组队群聊；二是与京东客服沟通，在购物交易中，有任何疑问需要联系客服时，点击商家页面的在线客服即可。

任务实施

随着互联网的发展和壮大，越来越多的企业开始借助互联网对自己的企业文化或产品进行宣传推广。因此，电子商务客服这一岗位的需求量也越来越大。本任务通过搜集信息，了解电子商务客服的岗位要求，熟悉电子商务客服应具备的知识和技能，了解淘宝店铺客服的工作职责。具体安排如图 1－4 所示。

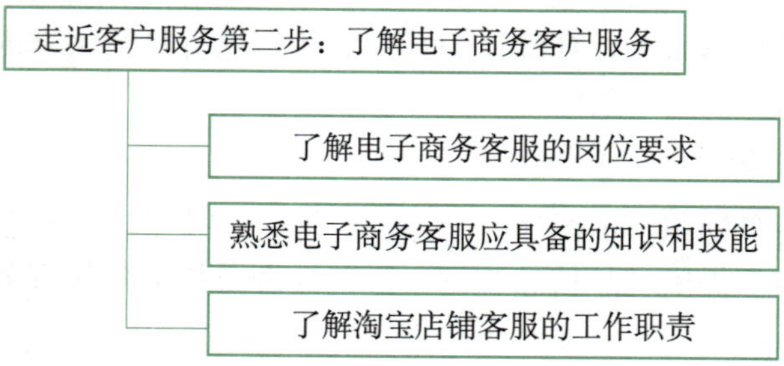

图 1－4　了解电子商务客户服务

STEP1 了解电子商务客服的岗位要求

企业经营的业务不同，不同的企业对电子商务客服的岗位要求会有所差别，请利用网络搜集电子商务客服的招聘信息，将各家企业对客服岗位的要求填在表 1－4 中。

表 1－4 电子商务客服岗位要求

企业名称	岗位要求

STEP2 熟悉电子商务客服应具备的知识和技能

要做好一名电子商务客服，需要储备大量的知识和技能。结合电子商务客服的岗位要求，将电子商务客服应具备的知识和技能填在表 1－5 中。

表 1－5 电子商务客服应具备的知识和技能

序号	知识	技能
1		
2		
3		
4		
5		
6		

STEP3 了解淘宝店铺客服的工作职责

淘宝店铺客服在日常工作中需要做哪些工作呢？请你上网搜索相关信息，并结合自己对淘宝店铺客服工作的了解，将淘宝店铺客服的工作职责填在表 1－6 中。

表 1-6　淘宝店铺客服工作职责

序号	工作职责
1	
2	
3	
4	
5	
6	

任务小结

本任务介绍了电子商务客服的概念、分类及客服人员的基本素养和常用沟通工具，并通过任务实施，使读者了解电子商务客服的岗位要求、应具备的知识和技能、工作职责。

任务三　打造电子商务金牌客服

情景导入

娜娜想："看来自己低估了电子商务客服的作用，原来做好电子商务客服需要掌握很多知识和技能，对客服自身的素质也有较高要求。"她听说过金牌客服，如何才能成为金牌客服呢？

任务目标

★ 了解金牌客服的含义
★ 掌握金牌客服的五种能力
★ 掌握如何打造成金牌客服
★ 提高思辨能力，塑造专业品格

素养园地

天猫某店铺客服部涂主管在对客服业绩进行分析时发现：半年前同时入职的两个客服小静和小七，在询单转化率上竟然相差50%多，小静的询单转化率为店铺第二名。充满好奇的涂主管分别找两人进行了交流。

谈话中，小七说："我是没有其他选择才来当客服的，我的内心始终觉得客服是低水平的工作，销售是一件令人乏味的事情，每天要接待各种类型的客户，有些令我头疼，每天坐在电脑前回答客户的问题，很无聊，心情特别不好，完全找不到工作的乐趣。”

在与小静的交谈中，她始终面带微笑，积极表达对客服工作的感悟，她说：“我觉得销售是一件很有乐趣的事情，我尊重我的每一位客户，喜欢与客户分享我的知识。了解客户需求，帮助他们买到心仪的产品，我很开心；遇到不好沟通的客户，我就当成是对自己工作的挑战，认真在实践中总结经验，提升自我。”

涂主管听完两人的话，不由发出“思维决定级别，心态决定未来”的感慨。

评析：

思维决定格局，格局决定结局。持有积极的思维，会拥有积极美好的人生；而持有消极的思维，人生也会消极。三百六十行，行行出状元。客服有不同级别：初级、中级、高级以及金牌客服，想要做到顶峰，就要用积极的思维指导工作。消极、不够专业的客服只会给店铺带来不可挽回的损失，甚至导致店铺降权；积极、乐于进取的客服可以帮店铺大幅度提升询单转化率和回头率，并且改善店铺的形象。

知识热身

一、金牌客服的含义

金牌客服是指通过短时间的沟通，能及时了解客户的需求，准确地掌握客户的类型，并能针对不同的客户类型，采取不同应对策略的客服群体。金牌客服通过快速、精准地解答客户问题，提升订单转化率，对店铺产品销量的提升起着重要作用。金牌客服能及时发现店铺的销售问题，并能协助上级领导处理问题，从而帮助店铺更快更好地发展。

二、金牌客服需具备的两个要素

扫一扫

金牌客服需具备的两个要素

金牌客服需具备的两个要素是心态和能力。心态的培养和能力的掌握，是每一个金牌客服的必经之路。

1. 金牌客服需具备的心态

心态由客服自己做主。心态分为积极和消极两种。积极的心态主要有：我当客服要做得好，实现自身价值；我和客户是平等的；销售是一件有乐趣的事；不好沟通的客户是对我的挑战；我尊重我的客户；我热爱我的工作；我喜欢与客户分享我的知识；对客户的表扬与批评宠辱不惊；等等。消极的心态有：客服是低水平的工作；客户地位永远比我高；销售是一件乏味的事情；总是有客户让我头疼；有些客户我不会和他们打交道；每天上班心情不好；有的客户很挑剔；为什么老板的要求总是那么多；等等。

金牌客服会把客户服务当作一门艺术，主动分析产品的卖点，让客户买你想卖的产品。

2. 金牌客服需具备的能力

金牌客服应具备五大能力：

（1）观察能力。

善于观察是客服工作的基础，有助于快速地锁定客户，判断客户的购买能力，根据客户的年龄、喜好、性别等情况，判断客户的需求。

（2）沟通能力。

沟通能力是客服工作的基本要求，说客户想听的话，主动询问，与客户良性互动，能站在客户的角度考虑问题。

（3）应变能力。

应变能力是指客服在处理沟通中突发的各种问题时，能把握沟通的节奏，灵活地应对出现的各种状况。

（4）学习能力。

客服应不断学习、不断进步，掌握产品知识、企业知识，提升沟通技巧、销售技巧。

（5）信息录入能力。

电子商务客服与客户沟通主要通过电脑进行，打字速度的快慢，决定了客服单位时间内接待客户数量的多少。一般网店招聘客服要求打字速度在 60 字/分钟以上。

三、客服考核指标

客服绩效考核是客服工作的客观反映形式，通过各量化指标的考核，可以检测客服人员的工作业绩、工作态度和工作能力。以网店客服为例，客服的绩效考核指标主要包括以下几个方面，如图 1－5 所示。

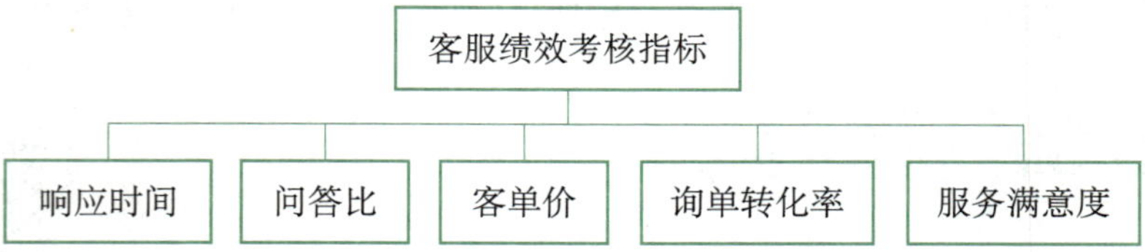

图 1－5　客服绩效考核指标

1. 响应时间

响应时间反馈的是客服人员的工作效率，更快的响应时间有助于提升客户体验。

响应时间包括首次响应时间和平均响应时间。首次响应时间是指从客户发起咨询到客服第一次对其进行回复所用时间的平均值。平均响应时间是指客服对客户每次回复用时的平均值。响应时间没有标准的考核值，企业根据经营的产品类别、客服数量、工作时间等来确定对客服的响应时间的考核标准。通常，响应时间受工作繁忙程度、店内促销活动、流量高峰期等因素影响。

2. 问答比

问答比是指客户在咨询过程中，客服回复消息数与客户咨询消息数之比。

问答比＝客服回复消息数/客户咨询消息数

考核问答比指标可以鞭策客服主动回复客户，进行关联销售、跟单、催付，提高客服的主动服务意识。

3. 客单价

客单价是指在一定时期内，每位客户平均购买产品的金额。

客单价＝销售额÷成交客户数

客单价是影响店铺盈利的因素之一，在流量相同的情况下，客单价越高，销售额就越高。在询单转化过程中，客服的销售推荐及推荐的产品价格都会对客单价产生影响。

4. 询单转化率

询单转化率是指一定时期内，咨询下单客户数与咨询总客户数的比例。提高询单转化率的关键在于提高客服的服务能力和销售能力。

询单转化率＝咨询下单客户数÷咨询总客户数×100%

5. 服务满意度

满意度是客户感知的利益与其期望值之间的对比结果，是心理感知。服务满意度是客户满意度（该内容在项目七任务一中有详细介绍）中的一项内容，是指产品售前、售中、售后以及产品生命周期的不同阶段采取的服务措施令客户满意的程度指标。电商行业竞争日趋激烈，提升服务满意度越来越受企业重视，交易评价中的“服务态度”评价以及内容评价都是企业对客服评价的重要指标。

任务实施

网店客服的服务质量直接影响着店铺的成交率和转化率，因此，打造金牌客服团队至关重要。本任务通过了解电子商务平台的注意事项、熟悉产品的各项参数、建立客服Q&A文档、熟悉店铺的售后政策等内容，加深读者对金牌网店客服所需具备知识和技能的理解。具体安排如图1-6所示。

走近客户服务第三步：打造金牌客服

- 了解电子商务平台的注意事项
- 熟悉产品的各项参数
- 建立客服Q&A文档
- 熟悉店铺的售后政策

图1-6 如何打造金牌客服

小提示

客服要熟悉相应的电子商务平台（如天猫、京东等）的规则，避免触及雷区，导致不必要的损失。此外，客服要熟悉各平台购物流程，便于对客户在下单、支付、收货等各环节给予指导。

STEP1 了解电子商务平台的注意事项

请以天猫为例，查找天猫规则及注意事项，并填在表1－7中。

表1－7 天猫规则及注意事项

天猫规则	注意事项
关于发票	
关于包邮	
关于信用卡支付	
关于货到付款	
关于关闭交易	
关于付款方式	
关于卖家保证金	
关于库存不足	
其他规则	

小提示

客服若无法解答客户提出的问题，要及时向官方在线客服或客服热线电话寻求解决办法。

STEP2 熟悉产品的各项参数

店铺上架新品时，客服为了更好地向客户推荐产品，可以做一份产品信息表。请进入一家天猫网店，任意选择两个产品，将产品的信息填入表1－8中。

表1－8 网店产品参数登记表

序号	产品名称	产品图片	特征描述	推荐话术	规格	颜色	赠品	客服自主降价空间
1								
2								

小提示

客服要熟悉店铺产品的卖点，产品的使用环境，以及产品的售后政策，提高产品的竞争力。客服还要熟悉店内不同款式产品的优缺点，以便在客户进行咨询时向其推荐合适的产品。

STEP3 建立客服 Q&A 文档

请根据表 1－9 列出的问题类型，在答语栏相应位置写上答案。

表 1－9 建立 Q&A 文档

问题类型	答语
关于质量	话术 1：我们的产品均为全新正品，假一赔十。 话术 2：
关于色差	话术 1：所有产品均为实物拍摄，但由于拍照技术、光线、显示终端等因素的影响，实物颜色与图片略有出入，请以实物为准。 话术 2：
关于议价	话术 1：不议价、不抹零，都是最低价哦，谢谢亲的配合！ 话术 2：
关于尺码	话术 1： 话术 2：
关于物流	话术 1： 话术 2：

小提示

Q&A（Question and Answer，问与答）文档，是指客服把客户经常问的一些问题记录下来，形成产品知识问答，当其他客户询问相同问题或其他客服遇到同样的问题时，可以参考并快速做出应答，也可以把常见问题放在产品详情页中，方便客户参考。

STEP4 熟悉店铺的售后政策

1. 思考不同类产品售后政策。

售后保障是客户选购产品的重要考虑因素之一，在产品品质有保证的前提下，可以制定一些有吸引力的售后服务政策，如 7 天内无理由退换货、一年免费换新等。你还能想出更多的售后政策吗？请针对不同的产品类别思考对应的售后政策，并将你想到的售后政策填在表 1－10 中。

表 1－10 不同类产品售后政策建议

产品类别	售后政策
家电类	
服装类	
数码类	
化妆品类	

2. 搜索不同类产品的知名网店售后政策。

通过网络搜索表 1－10 中所列出的产品类别的网店，选择一家知名度较高的店铺，查看其相应的售后政策，填写在表 1－11 中。

表 1－11 不同类产品售后政策

产品类别	网店名称	售后政策
家电类		
服装类		
数码类		
化妆品类		

提示：可将表 1－10 中的售后政策与表 1－11 中的内容进行对比，找到被忽视的售后政策，认真学习。

任务小结

本任务介绍了金牌客服的含义、五种能力、心态、考核指标等，全方位为读者讲解金牌客服的要求。

综合练习

一、判断题

1. 客户是指购买企业的产品的人。(　　)

2. 任何能提高客户满意度的内容都属于客户服务的范围。(　　)

3. 一名合格的客服人员，只要保持微笑就可以了。(　　)

4. 按电子商务交易流程和业务职能划分，电子商务客服分为售前客服、售中客服、售后客服。(　　)

5. 询单转化率是指一定时期内，咨询下单客户数与咨询总客户数的比例，是客服工作效果的直观反映，是企业考核客服绩效的唯一因素。(　　)

二、选择题

1. 下列属于技术性客服服务内容的是(　　)。

A. 产品宣传　　B. 产品安装　　C. 分期付款　　D. 广告宣传

2. 下列不属于客服绩效考核内容的是(　　)。

A. 客单价　　B. 问答比　　C. 响应时间　　D. 工作热情

3. 下列不属于客服在推荐产品时必须要了解的信息的是(　　)。

A. 产品的卖点　　B. 使用环境　　C. 售后政策　　D. 物流配送中转

4. 下列不属于金牌客服应具备的能力的是(　　)。

A. 观察能力　　B. 沟通能力　　C. 应变能力　　D. 计算能力

5. 首次响应时间是指客服第一次对客户回复用时的平均值。下列哪个因素不会影响首次响应时间？(　　)

A. 工作繁忙程度　　B. 店内促销活动　　C. 流量高峰期　　D. 输入法

三、操作题

1. 在生活中，同学们会接触到各种各样的客户服务，请将其列举出来并按客服工作的方式进行分类，如可分为面对面客服、语音客服、文字客服、电话客服等。

2. 客服的绩效考核与多项数据有关，以淘宝网为例，试着将各项考核指标的具体含义填写在表中。

客服的考核指标

编号	考核指标	含义
1	响应时间	
2	问答比	
3	客单价	
4	询单转化率	
5	服务满意度	

项目二

电子商务客户服务技能

学习目标

● 知识目标

1. 了解服务礼仪的重要性；
2. 了解沟通的基本知识；
3. 掌握电子商务客户服务的专业沟通技巧，学会处理电子商务客户服务的常见情况。

● 能力目标

1. 掌握电子商务客户服务的服务礼仪，运用礼仪知识处理问题、应对特殊情境；
2. 能够管理自己的情绪，学会调整压力。

● 素养目标

1. 提升传承中华礼仪文化的意识，提高文明礼仪素养；
2. 培养服务意识，提升职业素养；
3. 引导学生自觉践行电商行业的职业精神和职业规范。

叮叮说案例

EQ很重要

某位女士看中店内某款男装，金牌客服微微借机推荐店铺会员积分等优惠活动，但最终该女士未下单。一段时间后，又有一位男士也来咨询这款男装，但他要的那个尺码已缺货。顾客得知后在旺旺上传来信息："之前我老婆问了有货，怎么就没有了？我正等着穿呢！"原来，这位男士是之前那位女士的丈夫。"怎么搞的，少货就不要开店啊！还有没有信用？"男士情绪激动地威胁说要投诉微微。

微微感到委屈，她明白顾客这么做其实是想获得更多优惠。她一直微笑着和顾客解释，并表示会尽快跟进处理。最终，这个订单花了两天时间才完成。

点燃思考

娜娜："叮叮主管，要是我也遇到这样的顾客，该怎么处理呢？"

叮叮："从上面的案例我们可以看出，微微不仅具有较强的自我调节能力、熟练的沟通技巧，而且善于分析顾客投诉的目的。对于电子商务客服人员来说，除了掌握产品知识与沟通技巧，EQ（情商）也是非常重要的。”

任务一 服务礼仪

情景导入

通过初步培训，娜娜对即将开始的客服工作跃跃欲试。但是，当她亲自尝试时，才明白这一看似轻松的工作，其实并不简单。在提供客户服务的过程中，个人素质和服务礼仪非常重要，需要不断提高与巩固。

任务目标

★ 了解服务礼仪的重要性

★ 学会电子商务客户服务的服务礼仪

★ 提升传承中华礼仪文化意识，提高文明礼仪素养

素养园地

中华礼仪的渊源

古人有言：“中国有礼仪之大，故称夏；有服章之美，谓之华。”古代华夏族正是以丰富的礼仪文化而受到周边其他民族赞誉的。早在孔子以前，已有夏礼、殷礼、周礼三代之礼，因革相沿，到周公时代的周礼已比较完善。孔子是我国历史上第一位礼仪学专家，他把“礼”作为治国安邦的基础。他主张“为国以礼”“克己复礼”，并积极倡导人们“约之以礼”，做“文质彬彬”的君子。孟子也重视“礼”，并把仁、义、礼、智作为基本道德规范，他还认为“辞让之心”和“恭敬之心”是礼的发端和核心。荀子把礼看作做人的根本目的和最高理想，把识礼、循礼与否作为衡量人的贤愚和高低贵贱的尺度。管仲则把礼看作人生的指导思想和维持国运的支柱。他说：“礼义廉耻，国之四维，四维不张，国乃灭亡。”从这些思想家的言论中不难看出，礼仪是适应调节人际关系的需要而产生和发展的。

我国古代“礼”的概念，包含着丰富的内容，大体可归结为三个层面：一是指治理奴隶制、封建制国家的典章制度；二是古代社会生活所形成的作为行为规范和交往仪式的礼制及待人接物之道；三是对社会成员具有约束力的道德规范（包括自身修养）。

评析：

纵观我国礼仪内容和形式的演变与发展，可以看出“礼”和“德”不但是统治者权力的中心支柱，而且其在几千年的历史发展中形成了许多有广泛社会性与强大号召力的优良道德规范和人际交往的礼节仪式及生活准则，并且已成为中华民族共同的财富。

知识热身

礼仪是人们在社会交往活动中形成的行为规范与准则，具体表现为礼貌、礼节、仪表、仪式等。礼仪是律己、敬人的一种行为规范，是表现对他人尊重和礼节的过程与手段。而服务礼仪则是各行各业的服务人员必备的素质和基本条件。

一、服务礼仪的重要性

在市场经济不断发展的背景下，商品的竞争就是服务的竞争。每一位客户服务人员都代表着企业形象和企业的服务意识。注重服务礼仪，是企业对工作人员的最基本要求。服务礼仪的重要性主要体现在四个方面，如图 2-1 所示。

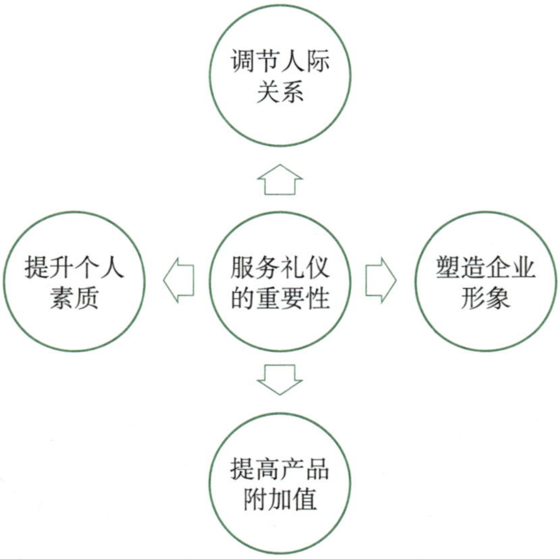

图 2-1　服务礼仪的重要性

1. 提升个人素质

注重服务礼仪，可以提升客户服务人员的个人素质。古人认为，“不学礼，无以立”。人类自古以来就非常重视礼仪的传播和践行。礼仪能使一个人的谈吐更文明、举止更优雅、情趣更高尚，从而帮助个人树立良好形象，提升个人素质。员工素质反映了企业管理的整体水平，比尔·盖茨说过：“企业竞争，是员工素质的竞争。”因此，注重自身的服务礼仪，有助于提高个人素质和职业竞争力。

2. 调节人际关系

注重服务礼仪，可以调节服务工作过程中的人际关系。在人际交往中，尊重、以礼待人都是相互的。当你向客户表示尊重时，客户常常也会以礼相待。尊重能让客户对你产生好感并心理上得到满足。服务礼仪是服务关系的润滑剂，在处理客户问题时，客服注重服务礼仪能让客户保持冷静，避免不必要的冲突，有助于营造和谐的沟通氛围，与客户建立良好、信任的人际关系，促进问题完美解决。

3. 塑造企业形象

注重服务礼仪，可以塑造良好的企业形象。企业形象是靠优质的产品和服务塑造出来的。服务礼仪从一定程度上展示了一个企业的管理风格、道德水准和文明程度。规范的礼仪服务，能最大限度满足客户的精神需求，为企业树立良好的口碑，并带来更多的客户，有利于扩大业务量，树立良好的企业形象，给企业带来好的经济效益和社会效益。

4. 提高产品附加值

注重服务礼仪，可以提高企业产品的附加值。随着市场竞争的日趋激烈，服务已经越来越成为企业的核心竞争力之一。同一款产品，客户会选择服务质量更好的企业购买。企业应对客服人员加强服务礼仪的培养，使其能为客户提供优质服务以提高产品的附加值，进而提高企业竞争力。

二、电子商务客户服务的服务礼仪

扫一扫

电子商务客户服务礼仪

电子商务客户服务人员在为顾客提供服务时应时刻注意自己的服务礼仪，要态度诚恳亲切，多用敬语谦语，掌握谈话分寸，注意交谈忌讳。

1. 态度诚恳亲切

我们常说，态度决定一切。客服人员要端正心态，以“为顾客服务是一种荣幸”的态度去和顾客沟通。客服通过文字将积极诚恳的态度传递给顾客，顾客感受到客服的热情，自然也会真心地与客服交谈。如果客服人员以消极的态度对待顾客，就容易得罪顾客，顾客也会拒绝甚至离开，这会让企业或品牌给顾客留下负面的印象。

在服务过程中，多用“亲”“咱们”等字眼来拉近和顾客之间的距离，增加亲切感。如顾客咨询时，不要简单回答“你好，有什么需要帮忙吗?”这看似简单的一句话会一下子让气氛变得严肃。热情的客服人员会选择另一种回答方法：“亲，您来了，等您很久了呢，不知这次有什么可以帮到您呢?”亲切的话语第一时间让顾客产生一种熟悉感，更让顾客感受到客服的热情，增加顾客对店铺的好印象，更容易促成交易。

2. 多用敬语谦语

常言道，“良言一句三冬暖，恶语伤人六月寒”。沟通过程中对顾客要多用敬语，对自己则应多用谦语，给顾客宾至如归的感觉。

交流时要将“您好”“请稍等”“对不起”“谢谢您”“不客气”等礼貌用语挂在嘴边，做到“‘请’字不离口，‘谢’字随身走”。在不同的时间段或者节假日，还要适当地添加问候语，如“早上好”“新年好”“节日快乐”等。

提供服务时多用谦语，如“请问我能为您做点什么”“很荣幸能为您效劳”；顾客不满意时多用“请见谅”“不好意思”“对不起”；收到顾客夸奖时多用“过奖了”“客气了”“我的荣幸”等。

切忌出现“在”“嗯”“没”等一字回答，一字回答会让顾客觉得客服人员太过敷衍、缺乏耐心。忌用如“我不知道”“不行”“那不是我的工作”“我现在很忙”“你找别人吧”

等禁用语。

3. 掌握谈话分寸

电子商务客服人员在与顾客交谈的过程中，要明确哪些话该说、哪些话不该说、怎样表达才不会引起顾客反感，这是服务礼仪中应注意的问题。一般来说，应该多说善意的、诚恳的、赞许的、礼貌的、谦让的话语，不应该说恶意的、虚伪的、贬斥的、无礼的、强迫的话语。只有掌握好说话的分寸，才能获得好的效果。

比如拒绝顾客议价，不要直接跟顾客说“不行，不能再优惠了”，而要以婉转的方式告知顾客，如：“亲，真的非常抱歉，这已经是商家让利的最低价了，明天活动结束就恢复原价哦，您要是喜欢就赶紧下单吧，小二这边帮您申请多送个小礼品。”这样顾客下单的概率会变高。

再如，顾客在产品使用过程中出现问题向客服人员抱怨。这时，客服人员不可立马撇清责任，责问顾客是不是使用过程操作出错，那样会激发顾客的怒气，不利于问题解决。客服人员首先要做的是稳定顾客情绪，接着询问具体情况并记录下来，再分析问题所在，并细心地为顾客解疑。即使是顾客使用方法错误，也要耐心讲解产品的正确使用步骤和方法，让顾客认识到是自己的原因，不是产品质量问题。

客服还要懂得灵活使用网络语言，学会把生硬的传统用语转化为鲜活的网络用语，这能让客服和顾客之间的谈话变得活泼轻松一些。比如“肿么了”“有木有”“嘿嘿”这类词就显得活泼轻松，也可多用一些微笑之类的表情符号，让顾客感受到你的热情友好。但要注意不要使用“呵呵”“哦”这种看似敷衍的词语。

4. 注意交谈忌讳

电子商务客户服务人员在与顾客沟通时，要时刻记住自己的职业，有时尽管错在顾客，也不要与顾客争辩。要知道，与顾客争辩解决不了任何问题，即使占了上风，也只会招致顾客反感，丢掉生意。

忌用质问或命令的语气与顾客交流，要态度和蔼，用征询、协商或请教的语句与顾客交流。记住，客服人员无权对顾客指手画脚。

交流过程中还要注意不宜问及顾客的个人隐私问题，如年龄、婚姻、收入状况等。

小提示

礼貌用语是电子商务客户服务人员日常表达时自身修养与专业度的体现，在服务过程中使用礼貌用语，会给顾客留下良好的印象。客服人员要时刻记住使用礼貌用语，例如说话时要以“请”字开头、“谢”字结尾，用“您”代替“你”等。

任务实施

本任务通过工作情境模拟，要求熟悉电子商务客户服务的基本素质和服务礼仪。具体安排如图 2-2 所示。

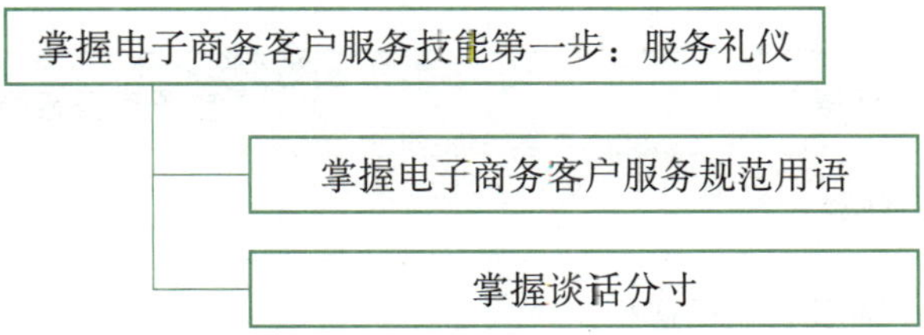

图 2-2 掌握服务礼仪

STEP1 掌握电子商务客户服务规范用语

1. 接待服务规范用语训练。

顾客发来信息，第一句话你会说什么？请写下来。

(1) ______________________________

(2) ______________________________

2. 致谢话术训练。

你认为在什么情况下需要跟顾客道谢呢？请写出至少五种情况以及对应的致谢话术，并填入表 2-1 中。

表 2-1 致谢话术

编号	跟顾客道谢的情况	致谢话术
(1)		
(2)		
(3)		
(4)		
(5)		

STEP2 掌握谈话分寸

顾客在购买产品时会有各种担心，电子商务客服人员该如何掌握谈话分寸让顾客安心呢？请认真思考并填写表 2-2。

表 2-2 掌握谈话分寸

顾客话语	电子商务客服人员话术
你们店里卖的是正品吗？包装、吊牌齐全吗？	
你们的豆浆机加热时会溢出来吗？	

续表

顾客话语	电子商务客服人员话术
这件衣服真的值那么多钱吗？	
为什么其他网店的同款产品比你们便宜？	
我还要再考虑考虑！	

任务小结

电子商务客户服务人员在工作过程中除了需要注重服务礼仪、掌握规范用语，还要秉持热情的工作态度，面对压力时能够及时地自我调节，从而保证与客户间的有效沟通。

任务二 沟通技巧

情景导入

如何应对电子商务客户服务过程中可能遇到的各类情况，娜娜还有些摸不着头脑。在客服主管叮叮的指导下，娜娜首先从沟通技巧学起，争取尽快独立工作。

任务目标

★ 了解沟通的基本知识
★ 掌握电子商务客户服务的专业沟通技巧
★ 学会处理电子商务客户服务的常见情况
★ 培养服务意识和沟通协作能力，提升职业素养

素养园地

周女士家里的沙发需要换沙发垫，但因沙发是定制的，尺寸不是标准码，网购时就找了几家提供定制服务的网店。她选择了三家评价比较好的店铺，分别给三家网店的客服发了咨询信息，内容为：您好，请问 80cm * 70cm、厚 15cm 的 45D 高密度海绵两个多少钱？定制需要几天能发货？

三个客服的工作方式和回复内容如下：

A 客服消息显示已读，没有给予任何回复。

B 客服回复："亲，一共 320 元，加上沙发套一共 480 元。发货到哪里？"

C 客服回复："您好！45D 高密度海绵是 298 元，两块的价格。今天切好，明天就可

以发货，您是快递到哪里？需要加布套吗？下面这款（配了一张图片）是顾客拍的45D、15cm厚度的。”

最后，周女士不仅在C客服处购买了两个沙发垫，还买了店里最好的两个沙发套。

评析：

党的二十大报告指出，要加快建设国家战略人才力量，努力培养造就更多大师、大国工匠。客服工作看似简单，但是要为客户提供优质的服务，客服需要认真分析客户的需求，再给予针对性的应答。要想成为一名优秀的金牌客服，不仅要有脚踏实地的敬业精神，要有很强的服务意识，还要学会有效沟通。

知识热身

在人与人的交往过程中，我们经常会感叹“理解万岁”，那么，如何才能让对方理解呢？这需要做好两者之间的沟通。沟通无处不在、无时不在，是一辈子的学问。

一、沟通概述

1. 沟通的含义

沟通是人与人之间为了设定的目标进行信息传递、思想和情感交流，并达成共同协议的过程。

沟通是双向的，是信息发送者和信息接收者之间的活动。假设A和B是进行沟通的双方，当A发信息给B时，A就是信息发送者，B则是信息接收者；B收到来自A的信息后回复信息给A，此时B就变成信息的发送者，A变成信息接收者。由此可见，在沟通过程中，双方的角色是相互转换的。

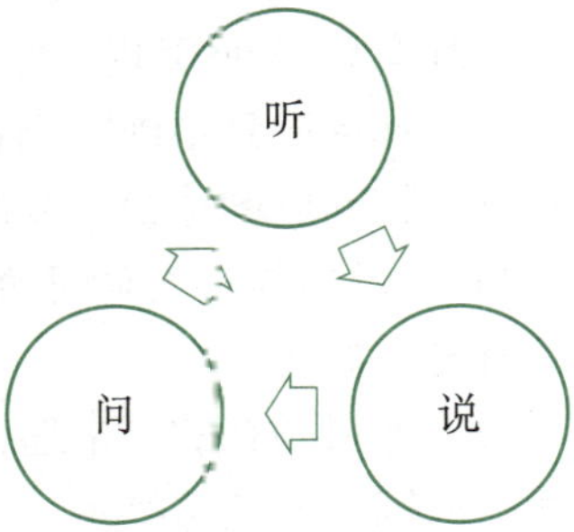

图2-3 沟通的基本行为

2. 沟通的基本行为

沟通有三个基本行为：问、听、说，如图2-3所示。一次有效沟通需要正确提问、积极倾听并及时确认。要了解对方所想的并提出合适的问题，对方阐述时要积极倾听，之后进行有效反馈，表示理解确认。沟通说到底就是：说对方想听的，听对方想说的。

小资料

沟通的最高境界是，说要说到别人很愿意听，听要听到别人很愿意说！

卡耐基曾说过：一个人事业上的成功，一部分是由于他的专业技术，还有很大一部分要依赖人际关系、处世技巧。软与硬是相对而言的，专业技术是硬本领，善于处理人际关系的交际能力则是软本领。

二、电子商务客户服务沟通技巧

扫一扫

电子商务客户服务沟通技巧

电子商务客户服务人员在与顾客沟通时，其一言一行都代表着企业的形象，每一次交流都将影响着企业的声誉，因此要特别注意沟通技巧的灵活运用。按工作内容不同，电子商务客户服务主要分为三种类型：信息咨询类、商品销售类和购后投诉类，如图 2－4 所示。

1. 信息咨询类服务沟通技巧

信息咨询类主要为顾客提供产品信息、服务信息等方面的咨询，电子商务客户服务人员要运用专业知识为顾客提供相应的服务。产品信息主要是企业所提供的各种产品或业务的具体情况，如质量、性能、技术参数等；服务信息主要是对产品或业务提供的服务，如上门培训、上门安装调试、保修以及包退换等。

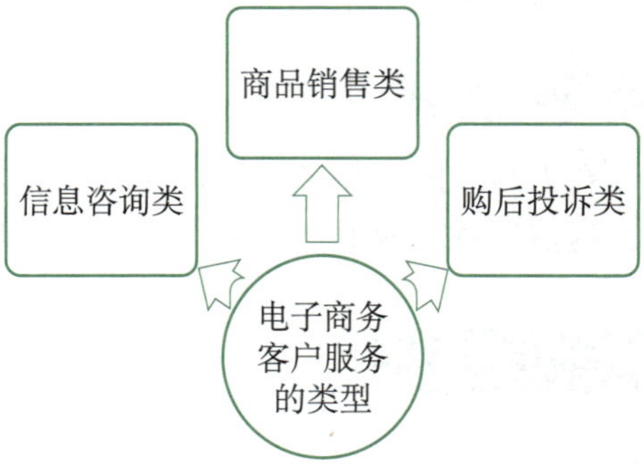

图 2－4 电子商务客户服务的类型

顾客咨询产品信息及企业相关信息时，电子商务客户服务人员要礼貌应答，文字表达要有逻辑性，层次分明、清楚易懂，并注意回复技巧。在信息咨询类电子商务客户服务过程中，经常会出现客服人员不清楚顾客提出的问题或者是顾客的要求超出客服的权限这两种情况，客服人员要能够迅速做出反应并注意使用相应服务技巧。

（1）如果碰到不确定或者不会回答的问题，千万不能含糊回答，要及时向客户表达你对其所提问题的重视，真诚地说明情况。

例：“对不起！您询问的问题我暂时无法确定，需要查实后再回复您，我会尽快查询并及时与您联系。”

（2）如果顾客的要求超出工作权限，不可打断顾客，应耐心等顾客叙述完，然后告知顾客原因，并表示歉意。

例：“对不起，先生，这超出了我的权限，但我会将问题反映给领导，并尽快给您答复。”

2. 商品销售类服务沟通技巧

商品销售类主要是针对商品推销、交易进程等方面信息与顾客进行沟通以提供相应服务。商品推销是电子商务客户服务人员以企业名义与顾客直接联系，进行企业商品的推荐、报价以及企业新活动的推广；同时也负责新客户的资料收集、开发新客户并定期与老客户保持联系，建立长期的合作关系。而交易进程主要涉及交易过程中关于付款、库存、物流等信息的沟通。

商品销售过程中出现诸如接单无库存或者顾客下单不付款等特殊情况时，电子商务客服人员需要联系并告知顾客情况。

（1）接单后才发现没库存，客服人员要第一时间联系顾客。

例：“×先生，您好！我是××网店的客服××，打扰您了！您购买的××商品，我们刚要为您打包时发现最后一个商品有点瑕疵，不好给您发出去。工厂已经在赶制了，后天再给您发货，您看这样行吗？”

（2）顾客下单后却迟迟不付款，客服人员可以联系顾客以了解情况。

例：

“×女士，您好！我是××网店的客服××，打扰您了！您下单的产品库存不多了，需要的话请尽快付款哦！如果您对产品有不清楚的情况，欢迎随时联系我。”

“×先生，您好！我是××网店的客服××，打扰您了！您下单的产品今天买一送一，您方便时付款就可以啦！今天是活动最后一天哦，明天就全部恢复原价。”

知识拓展

FAB 法则

FAB 法则，即属性、作用、益处的法则，FAB 对应的是三个英文单词：Feature、Advantage 和 Benefit，按照这样的顺序来介绍，就是说服性演讲的结构，它达到的效果就是让客户相信你的是最好的。

谈到 FAB，销售领域有一个著名的故事——猫和鱼的故事。我们看图 2－5 所示这四张图。

（1） （2） （3） （4）

图 2－5 猫和鱼的故事

图（1）：一只猫非常饿，想大吃一顿。这时销售员推过来一摞钱，但是这只猫没有任何反应——这一摞钱只是一个属性（Feature）。

图（2）：猫躺在地上非常饿，销售员过来说：“猫先生，我这儿有一摞钱，可以买很多鱼。”买鱼就是这些钱的作用（Advantage），但是猫仍然没有反应。

图（3）：猫非常饿，想大吃一顿。销售员过来说：“猫先生，我这儿有一摞钱，能买很多鱼，你就可以大吃一顿了。”话刚说完，这只猫就飞快地扑向了这摞钱——大吃一顿就是益处（Benefit），这个时候就是一个完整的 FAB 的顺序。

图（4）：猫吃饱喝足了，需求也就变了——它不想再吃东西了，而是想见它的女朋友。那么销售员说：“猫先生，我这儿有一摞钱。”猫肯定没有反应。销售员又说：“这些钱能买很多鱼，你可以大吃一顿。”但是猫仍然没有反应。原因很简单，它的需求变了。

上面这四张图很好地阐释了 FAB 法则。电子商务客服人员在推荐产品的时候，按 FAB 的顺序介绍产品，更能有效地打动客户。

3. 购后投诉类服务沟通技巧

购后投诉类主要是解决各种售后问题，主要工作包括处理顾客对产品质量、数量、服务等的投诉以及顾客中差评管理等问题。

由于网络交易的虚拟性特征，顾客看不到商品实物，所以在售后阶段客服人员难免会接到顾客各种各样的投诉。遇到投诉时，电子商务客服人员要能够较为准确地判别投诉原因及顾客的情绪，并及时地把握顾客的需求，进而有针对性地处理顾客的各种投诉及中差评。

（1）顾客投诉时的沟通技巧。顾客投诉时经常是带有情绪的，电子商务客服人员接到投诉时要调整好心态，尽量安抚顾客，从文字表达、语气、态度、说话思路等各方面给顾客留下一个好印象。

例：“×先生，很抱歉给您带来不愉快的购物经历，您能告诉我这件事是怎么发生的吗？”

顾客描述后，客服人员最好能把内容复述一遍，让他知道你很重视这件事，并向顾客道歉，平复他的情绪。

例：“很抱歉，×先生，您遇到的情况是……（复述），您看我这样理解对吗？”

顾客回应后，客服人员就可以有针对性地提出解决方案了。

接到顾客投诉时，客服人员要多用下列语句：“谢谢您告诉我们”“谢谢您提醒，我们会注意的”“我们明白您的困难”“给您带来麻烦我们非常抱歉”“如果我是您，我也可能会这么做”等。

（2）顾客中差评时的沟通技巧。遇到顾客给中差评时，要第一时间与顾客联系。除了通过网络进行沟通外，更直接的办法就是给顾客打电话，但也要适度，避免骚扰的嫌疑。电子商务客服人员在打电话之前要做足准备，不打无把握之战，应先了解顾客的订单信息，认真分析顾客不满意的原因，然后微笑着给顾客打电话。

例：“您好，我是××店铺的售后专员×××，您现在方便接听电话吗？是这样子的，我看您在我们店铺购买了一款包包，已经确认收货了，但是您给了我们一个中评/差评呢。您说气味很重，关于气味问题，因为我们的包包基本都是刚下生产线就直接发给买家，没有像实体店一样在柜架上通风，所以多少会有些味道，您只要通风几天就好了！

小店经营不容易，麻烦您改为好评，可以吗？谢谢您的支持！”

对顾客给予中差评原因不明时，电子商务客服人员可以售后回访的方式与其进行沟通。

例：“您好！我是××女装店铺的售后客服。我们在淘宝后台看到您对我们的产品和服务做出了评价，不知道您对我们的产品或服务有什么不满意的呢？我们十分感谢您对我们做出的真实评价，并真切地希望您能告诉我们哪里做得不到位，以便我们能尽快加以改善。”

小资料

投诉是金

数据统计显示，客户不满意时，只有约 10%的客户会投诉，大部分客户会离开，甚至永远不会再来。一位对服务不满意的客户可能会告诉 7～8 人他的不愉快的经历，间接影响约 20 人拒绝到这些令人不愉快的地方交易。

投诉是金，珍爱它们。有些客户的投诉可能只是心情不好借题发挥，但很多时候客户的投诉确实是暴露了我们服务中的缺陷，给我们提供了改进的机会。客户投诉有助于我们了解什么样的产品、服务、设施需要改进。正确对待客户投诉，化解与客户的矛盾，通过制定有针对性的改进措施，可以从根本上改善服务品质，提高客户满意度。

任务实施

和顾客沟通交流时如何给顾客留下好印象，令其有“宾至如归”的感受，对于电子商务客服人员来说是非常重要的。本任务中，需要掌握电子商务客户服务的沟通礼仪，主要从表达技巧与特殊情况处理这两方面进行训练。具体安排如图 2－6 所示。

- 掌握电子商务客户服务技能第二步：沟通技巧
  - 掌握专业的表达技巧
  - 学会特殊情况的处理

图 2－6　掌握沟通技巧

STEP1　掌握专业的表达技巧

电子商务客服人员在为顾客提供服务时，要注意使用客服专业表达话术，避免出现日常习惯用语。请根据电子商务客户服务用语基本规范，将表 2－3 中的专业表达用语补充完整。

表 2-3　客服专业表达技巧

习惯用语	客服专业表达话术
有什么事？	
你是谁？	
如果你需要我的帮助，你必须……	
你找他什么事？	
不知道/我怎么知道	
没这回事，不可能的	
知道了，不要再讲了	
我只能这样，我没办法	
干不了	
这是公司政策	

STEP2　学会特殊情况的处理

电子商务客服人员在工作过程中有时会碰到一些需要通过电话跟顾客联系的情况，在电话沟通过程中经常会碰到一些如环境嘈杂、机器故障等特殊情形，请根据不同情况分别归纳出相应的处理技巧，填入表 2-4 中。

表 2-4　电话沟通常见情况处理

常见情况	处理技巧 1	处理技巧 2
顾客声音太小		
顾客讲方言		
没听清楚顾客所讲内容		
打错电话		
顾客情绪激动，破口大骂		
顾客投诉其他客服态度不好		
机器故障		
遇到无法解决的问题		

任务小结

电子商务客服人员在工作中时刻代表着企业的形象，其言行也会影响产品的推广。

客服人员在提供服务时要注意灵活运用专业表达技巧，善于与客户沟通，从而有效处理服务过程中的一些常规或特殊情况。

任务三 学会压力调整与情绪管理

情景导入

经过多日工作尝试，娜娜发现有的顾客刁钻傲慢，有的顾客啰唆唠叨，有的顾客古怪暴躁。面对各种各样的顾客，娜娜有点招架不住。在客服主管叮叮的指导下，娜娜慢慢地学习自我的压力调整和情绪管理。

任务目标

★ 学会压力调整

★ 能够管理自己的情绪

★ 培养积极心态，提升抗压能力

素养园地

十二次微笑

飞机马上要起飞了，广播里播完乘客注意事项，全体乘务员也回到了服务舱。突然，有位乘客向她们招手示意。一位空姐走了过去，面带微笑地问："先生，我能为您做点儿什么？"

乘客说："请给我一杯水，我要吃药。"

空姐很有礼貌地说："先生，为了您的安全，请稍等片刻，等飞机升空平稳飞行后，我立刻把水给您送来，好吗？"

飞机渐渐进入了平稳飞行状态。突然，乘客服务铃急促地响了起来，空姐猛然意识到：糟了，由于太忙，忘记给那位乘客倒水了！她急忙来到客舱，见按响服务铃的果然是刚才那位乘客。她小心翼翼地把水送到那位乘客面前，面带微笑地说："先生，实在对不起，由于我的疏忽，延误了您吃药的时间，非常抱歉！"那位乘客抬起右手，指着手表说："怎么回事！有你这样服务的吗？你看看，都过了多久了？"无论空姐怎么解释，这位乘客都不原谅她的疏忽。

接下来的旅途中，空姐为了补偿自己的过失，每次去客舱给乘客服务时，都会特意走到那位乘客面前，面带微笑地询问他是否需要水或者别的什么帮助。然而，那位乘客余怒未消，摆出一副不合作的样子，不理睬她。

临到目的地前，那位乘客要求空姐把留言本给他送过去。显然，他要投诉这位空姐。

空姐虽然心里很委屈，但还是很有礼貌地把留言本交给乘客，并面带微笑地说："先生，请允许我再次向您表示真诚的歉意，无论您提出什么意见，我都将欣然接受。"那位乘客脸色一变，想说些什么，却没有开口。他接过留言本，在上面写了起来。

飞机安全降落了，所有的乘客陆续离开后，空姐打开了留言本。她惊奇地发现，那位乘客在本子上写下的并不是投诉信，而是一封热情洋溢的表扬信。信中写道："……在整个旅途中，你表现出的真诚的歉意，特别是你的十二次微笑，深深地打动了我，使我最终决定将投诉信改成表扬信。你的服务质量很高，下次如果有机会，我还将乘坐你们这趟航班！"

评析：

面对客户抱怨带来的压力，很多客服会想办法战胜它，但也有人会觉得自己不适合这个行业，而选择彻底远离它。逃避不是解决问题的办法，应对客户带来的压力也没有那么复杂。案例中空姐面对乘客严厉的指责，仍然微笑热情地服务乘客，她用真诚的微笑换来了乘客的理解和信任。这种乘客至上的服务让我们看到的不仅是一位外表出众的空姐，更是一位有着良好职业素养的工作人员。客服人员要正确看待工作中的不愉快，及时调整心态，让心情更舒畅，让工作更顺畅。

知识热身

电子商务客服人员每天接触形形色色的顾客，情绪不断切换，再加上工作上的压力，就可能产生负面情绪。负面情绪必然会影响与顾客的沟通，会出现不当的沟通方式，甚至会让矛盾升级。相反，积极的情绪会有利于工作，让客服可以耐心、热情地接待顾客，用心倾听，使问题迎刃而解。

一、压力调整

扫一扫

压力调整

在现代社会生活的每个人对压力都会有所体验，主要有社会、生活和竞争三个压力源。合理的压力能激发动力，但压力过大会损害身体健康。电子商务客服人员要学会自我调整压力，保持良好的身体和心理状态。压力调整的方式主要有坚持锻炼、设定目标、端正心态、丰富业余生活等。

1. 坚持锻炼

压力大的人最好的释压办法就是运动，运动之后，往往会觉得厌倦情绪几乎消失。这主要是大脑供氧改善的缘故，没有足够的氧气，思维能力会减弱，大脑工作效率会降低，而运动会提高大脑的供氧量。研究人员发现，经过半小时的脚踏车锻炼后，被测试者的压力水平降低25%，所以，不管你多忙，都要坚持锻炼，释放压力。

2. 设定目标

合理规划，给自己设定一个奋斗目标，并分阶段实现它。选择适当的目标，争取"跳一跳够得着"。有针对性地提升自我，每达到一个阶段就进行自我鼓励，尝试享受成功的喜悦，为实现下一个阶段的目标提供更大动力。

3. 端正心态

要明确顾客的抱怨并非针对某个客服人员，学会换位思考，从顾客的角度出发思考、看待问题。始终坚持"顾客虐我千万遍，我待顾客如初恋"，时刻保持"对事不对人"的观念，同时下班后完成角色转换，不把工作情绪带入生活中。

小知识

阳光心态

阳光心态是积极向上的一种心态，对工作效率的提升和良好工作氛围的营造起着极其重要的作用。具有阳光心态的客服人员能建立积极的价值观，获得健康的人生，释放强劲的影响力。客服人员在长期进行枯燥和乏味的工作后，心态很容易发生变化，这就需要自己不断调整心态并培养积极向上的心态。

有这样一则故事：有位秀才第三次进京赶考，住在一个客栈里。考试前两天他做了两个梦，第一个梦是梦到下雨天自己戴着斗笠打着伞，第二个梦是梦到自己在屋顶上种白菜。这两个梦有点怪，于是秀才第二天一大早就赶紧去找算命先生解梦。算命先生一听，连拍大腿，说："你还是回家吧，今年你还考不上。你想想，戴着斗笠还打伞，不是多此一举吗？屋顶上没有土，在那上面种白菜不是白费劲吗？"秀才一听，心灰意冷，回客栈收拾行李准备回家。客栈老板非常奇怪，问："不是明天才考试吗，你怎么今天就要回家？"秀才如此这般说了一番，客栈老板乐了："哟，我也会解梦的。我倒觉得，你这次一定要留下来。你想想，戴着斗笠还打伞，不是说明你这次有备无患吗？屋顶上种菜，那么高的地方种菜，不是高种（中）吗？"秀才一听，觉得很有道理，于是精神振奋地参加考试，居然中了个探花。

这则小故事告诉我们，心态积极的人像太阳，照到哪里哪里亮；心态消极的人像月亮，初一十五不一样。想法决定我们的生活，有什么样的想法，就有什么样的未来。

4. 丰富业余生活

发展个人兴趣爱好，能够缓解工作带来的压力，让生活多姿多彩。下棋、书法、瑜伽、太极拳等能给人增添许多生活乐趣，让人心情舒畅，通过调节生活节奏，使人从紧张的氛围摆脱出来，走向轻松和欢快。

小案例

一杯水

有一位讲师正在给学生们上课，大家都认真地听着。讲师拿起一杯水，问道："各位认为这杯水有多重？"有人说二百克，也有人说三百克。

"是的，它只有二百克。那么，你们可以将这杯水端在手中多久？"讲师又问。

很多人都笑了，二百克而已，拿多久又会怎么样！

讲师没有笑，他接着说："拿一分钟，各位一定觉得没问题；拿一个小时，可能觉得手酸；拿一天呢？一个星期呢？那可能得叫救护车了。"大家又笑了，不过这回是赞同的笑。

讲师继续说道："其实这杯水的重量很轻，但是你拿得越久，就觉得越沉重。这如同把压力放在身上，不管压力是否很重，时间长了就会觉得越来越沉重而无法承担。我们必须做的是放下这杯水，休息一下后再拿起，只有这样我们才能拿得更久。所以，我们所承担的压力，应该在适当的时候放下，然后再重新拿起来，如此才可承担更久。”

讲师说完，教室里响起一片掌声。

二、情绪管理

情绪最基本的表现有四种：快乐、愤怒、恐惧和悲哀。每个人都有情绪失控的时候，情绪失控不仅会影响自己，还会传导给周围的人。出现负面情绪时，要加以调节，管理好自己的情绪。情绪管理可以让我们拥有平静的内心，有利于自我发展。能够控制自己的情绪是一个人成熟的重要标志。

客服人员尤其是售后服务人员很容易接触到负面情绪的人群，顾客都是带着问题来的，他们的问题得不到满意的解决有可能情绪失控，客服人员在处理过程中就容易被顾客的负面情绪影响。所以，客服人员需要情绪管理。调节、管理自己的情绪可通过以下几方面进行：

1. 认知调节

人的情绪很多情况下是由于对事情的不同理解和或持不同观点而产生的，所以我们可以通过改变自己的认知来改变情绪，比如站在顾客的角度去考虑问题，就是俗话说的“将心比心”，体会顾客的情绪和感受，有利于防止负面情绪的产生，甚至消除负面情绪；或者带着平常心做工作，对压力有一个正确的认识，也有助于负面情绪的缓解。

2. 自我暗示

在心里自我暗示，默念几次：“不要着急，发怒会使事情变坏”“我不发火，发火不能解决问题”，自己的声音、语调会对自身产生一种镇静作用。或者深呼吸三次，再喝杯水、捏捏耳垂，或者站起来走几圈，呼吸一下新鲜空气等，会有不错的效果。也可以用微笑来调节自己的情绪，微笑的表情可以给自己带来快乐的情绪。

3. 人际调节

正所谓“分享的快乐是加倍的快乐，分担的痛苦是减半的痛苦”，当情绪不好时，可以与朋友聊天，分享倾诉自己的烦恼，表达自己的情绪；也可以求助于领导、有经验的前辈或专业的心理咨询师。

4. 环境调节

美丽的风景使人心情愉悦，将自己置身于一个令人心旷神怡的环境中，可以舒缓紧张的神经。当情绪不好时，可以选择一个环境优美的地方，如置身于美好的大自然中，心情自然而然会得到放松，也可和同事不定期举行一些休闲聚餐活动，放松身心。

小提示

自我调节

结束一次不愉快的客服工作时，你需要放松一下，然后重新开始。

首先，你可以走到户外，看看远景或近物，伸伸腰踢踢腿，做个深呼吸。特别是你刚上班就碰到发怒的客户时，更要离座活动一下，然后让自己重新开始，千万别让这次服务影响了你一天的情绪。

其次，你要学会忘记，别主动让一些不愉快的过程在脑海中重现。

最后，不要和你的邻座同事诉苦。如果你有一肚子苦水，就找你的主管去倾诉，这样做，会使你对这件事做一个正面的回顾，从而调节自己的情绪。

任务实施

本任务通过情境分析讨论，要求学会压力调整和情绪管理。具体安排如图 2-7 所示。

掌握电子商务客户服务技能第三步：学会压力调整与情绪管理

- 学会寻找情绪“按钮”
- 掌握情绪管理的方法
- 学会避免卷入别人情绪里的方法

图 2-7　学会压力调整与情绪管理

STEP1　学会寻找情绪　“按钮”

你有没有最敏感的、最在乎的、最不愿意让别人提起的某种特征或者是内心某种情结？你是不是很轻易地就被伤害或者被激怒？每个人心中不安全的区域，就是情绪“按钮”。有的时候并不是别人要伤害我们，而是我们自己有旧伤。当我们向内探索的时候，就不会总是指责别人。当我们自己的内心足够安全的时候，就不容易被别人伤害。

思考：你的情绪“按钮”在哪里？

STEP2　掌握情绪管理的方法

情绪管理的目的是实现平衡、节制，不做情绪的奴隶。没有情绪的人如同荒漠，而情绪失控又像狂风暴雨。我们很难阻止情绪的到来，但我们可以决定情绪来临之后如何行动。关键是减少负面情绪，增加积极情绪。通过网络搜索或小组讨论完成以下问题：

（1）客服工作中的常见情绪有哪些？

（2）客服人员出现负面情绪怎么办？

STEP3 学会避免卷入别人情绪里的方法

当碰见不讲理的顾客时，要注意：不要成为他的情绪垃圾桶！就是说不要让他把坏情绪扔进你的心里，如果承接了他的坏情绪，你就不自觉地成了别人的情绪垃圾桶。顾客发脾气，是因为他原本就不开心，并不是因为你做错了事。只有分清自己和他人的情绪，才不容易被别人的情绪所影响。静心思考，完成以下问题：

（1）工作中碰见不讲理或者破口大骂的顾客时，你心里有怎样的感受？

（2）哪些是他的情绪？哪些是你的情绪？

（3）如何使自己的情绪不受他人情绪的影响？

任务小结

学会压力调整和情绪管理，才能保持良好的身体和心理状态，进而更好地为顾客服务，成为一名优秀的电子商务客服人员。

综合练习

一、判断题

1. 在和客户沟通时，应注意不要有意打断客户，在不打断客户的前提下，适时地表达自己的意见。（　　）

2. 当不能满足客户的期望时，应向客户说明理由。（　　）

3. 每次跟踪服务后，需要对客户档案的信息进行更新，为下次服务做铺垫。（　　）

4. 在处理客户投诉时，应首先搞清楚究竟谁对谁错，如果投诉事件错不在卖家，就不应该向客户道歉。（　　）

5. 大部分客户投诉是为了解决问题，所以向客户提出解决问题的建议、消除问题的原因，并采取正确的行动是必要的。（　　）

二、选择题

1. 服务礼仪对企业而言至关重要，以下不属于服务礼仪重要性的是（　　）。

A. 提升个人素质　　　　　　　　B. 提高产品质量

C. 调节人际关系　　　　　　　　D. 塑造企业形象

2. 接听电话时，以下做法不正确的是（　　）。

A. 如是传话，只要记录留言人是谁即可

B. 等对方放下电话后再把听筒轻轻放回电话机上

C. 最好能告知对方自己的姓名

D. 接电话时，不使用“喂”回答

3. 当客户有失误时，应该（　　）。

A. 直接对客户说“你搞错了”

B. 用“我觉得这里存在误解”来间接地说明客户的错误

C. 直接对客户说“这不是我的错”

D. 对客户说：“怎么搞的，重新填”

4. 按照电话礼仪的要求，客服在与客户通电话时，正确的做法是（　　）。

A. 哗哗地翻纸　　　　　　　　B. 吃东西

C. 回答身边同事的问题　　　　D. 做电话记录

5. 向客户道歉时，下列表述错误的是（　　）。

A. 道歉语应当文明、规范

B. 道歉应当及时

C. 道歉应当大方

D. 道歉应尽量谦卑，贬低自己，抬高客户

三、操作题

1. 某公司售后客服小陈接到一个电话，电话接通后客户就说脏话，小陈直接表示拒绝为粗鲁无礼的人服务，并主动挂机。作为小陈的同事，你认为小陈的处理正确吗？请说明理由。

2. 客服工作会带来较多的压力，客服人员应如何排解压力？

3. 王先生为某家电网店的买家，以下为投诉实录。

客服代表：“您好，工号789号很高兴为您服务。”

王先生：“你们的服务太差劲了。我有一台电磁炉寄回去维修，你们在三个星期前就说很快能修好，可是到现在还没有任何消息！你们到底有没有信用啊？我今天一定要看到电磁炉寄回来，否则你们就赔偿我的全部损失。”

假如你接到了这个投诉，会如何处理？

项目三

电子商务客户分析

学习目标

● 知识目标

1. 了解电子商务客户和客户类型；
2. 熟知电子商务环境下客户的需求特征和购买过程。

● 能力目标

1. 能对电子商务客户购买动机进行分析；
2. 能对影响电子商务环境下客户购买行为过程的因素进行分析。

● 素养目标

1. 培养爱岗敬业的良好职业道德风范；
2. 培养服务意识和创新精神；
3. 激发民族自豪感，培育文化自信。

叮叮说案例

小微选车的故事

小微是一位普通的上班族，35 岁，月收入约 1 万元。看着周边的朋友与同事纷纷加入了购车者的队伍，小微有点动心。另外，她工作地点离家较远，加上公交车上拥挤，她的购车动机越来越强烈。只是小微对汽车一无所知，除了坐车的体验，只知道自己喜欢白色、线条流畅的车型。

小微在驾校学车时，与几个一起学车的同学在讨论要买什么车。有人说要买“Polo 1.4”，但是小微有一次不好的乘车体验，所以对这款车不是很有兴趣，回家之后她就在网上查阅各种品牌汽车、不同的发动机的排量与车的配置，对各种车型的基本特点及价格都已如数家珍。经过反复比较，小微锁定了别克凯越和本田飞度。

小微开始频繁进入别克凯越的车友论坛，并与在上海通用汽车集团工作的同学 B 联系。从同学的介绍中，小微增强了对别克凯越的信心。但随着对别克凯越的深入了解，小微很快发现，费油是别克凯越的最大缺陷。想着几乎是飞度两倍的油耗，小微的想法又变了。朋友 C 已购买了别克凯越，说凯越是款好车，值得购买。同学 D 已购买了别克赛欧，是小微曾经心仪的 SRV（小型休闲车），有质朴而舒适的感觉，小微常常觉得它宛如一件居家舒适的棉质T恤衫。同学说赛欧空调很好，但开空调后感觉车子动力不足。周边桑塔纳的车主、Polo的车主等都成为小微的“采访”对象。

小微的梦中有一辆车，漂亮的白色，线条流畅的车型。现在，她已经有一个缩小了的备选品牌范围。

点燃思考

娜娜：叮叮主管，原来客户的购买决策过程要经过一系列了解、分析对比、“调查采访”，那我们需要从哪些方面去了解客户的决策过程？

叮叮：我们要了解客户的需求动机，判断客户属于哪种类型，在此基础上提供有针对性的服务。了解电商环境下客户的购买动机，熟悉客户的购买决策过程，有助于企业在竞争中占领主导地位。

任务一 认识电子商务客户

情景导入

叮叮在空闲时扮演客户，与娜娜进行模拟对话训练。叮叮抛出了很多问题，娜娜一一作答，但有时娜娜回答之后，扮演客户的叮叮就再无下文了。这是为什么呢？叮叮告诉娜娜，当客户提出问题时，一定要去认识客户、分析客户，了解客户为什么问这些问题，这样才能分析出客户的需求和类型，才能更好地与客户进行沟通并制定出精准的营销策略。

任务目标

★ 了解电子商务客户的含义

★ 熟悉电子商务环境下客户类型

★ 培养爱岗、敬业、用心的职业信念

素养园地

芊芊性格开朗，是客服部的“开心果”。工作之余，她总是乐于给大家分享她的服务技巧。

遇到对商品缺乏认识、优柔寡断的顾客，芊芊总是像朋友一样，耐心解答，打消顾客的疑虑，从顾客的角度给予推荐，并详细告知推荐原因。

遇到对商品有些了解但是一知半解的顾客，芊芊就有理有节、耐心地给予回答，通过不断向顾客展示丰富的专业知识，让顾客增加对她的信赖。

遇到讨价还价的顾客，芊芊会委婉地告知自己没有修改价格的权限，通过强调商品的质量，告诉顾客商品是物有所值的，并且感谢顾客的理解与合作。

遇到挑剔的顾客，芊芊会实事求是地介绍商品，告诉顾客没有东西是十全十美的。如果顾客还坚持要完美的商品，她就会委婉地建议顾客选择实体店购买需要的商品。

面对形形色色的顾客，芊芊总结出重要的制胜法宝：尊重顾客，按需服务，只推荐对的，不推荐贵的。

评析：

电商客服的工作就是每天接待不同的顾客，要学会分析客户的类型，只有知晓客户类型、了解客户需求，才能进行精准营销。芊芊热爱本职工作，善于在实践中总结提升，练就了过硬的本领，成为客服行业的优秀人才，是我们学习的榜样。

知识热身

一、电子商务客户概述

电子商务客户也可称为网络消费者，是通过互联网在电子商务市场中进行消费和购物等活动的消费者群体，其以互联网为工具完成购买行为从而实现自身需要的满足。

二、电子商务环境下客户类型

扫一扫

电子商务环境下客户类型

目前，电子商务环境下的客户大致可以分为六种类型：简单型客户、冲浪型客户、接入型客户、议价型客户、定期型客户、运动型客户，如图 3－1 所示。

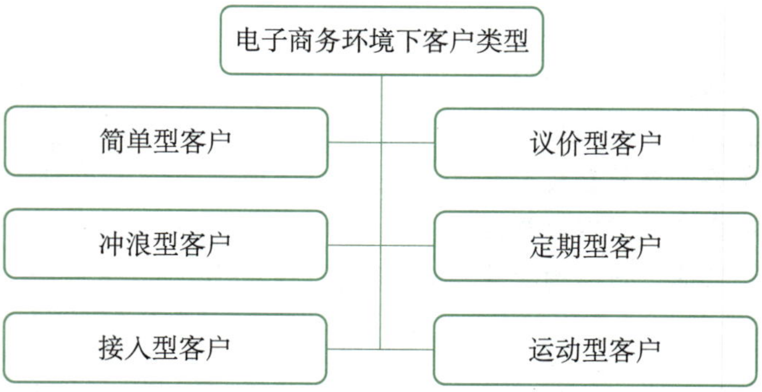

图 3－1　电子商务环境下客户类型

1. 简单型客户

简单型客户需要的是方便直接的网上购物。他们每月可能只花很少的时间上网，而网上交易的时间却占了其上网时间的很大比例。零售商必须为这种类型的客户提供真正的便利，让他们觉得在你的网站上购买商品会节约更多的时间。

2. 冲浪型客户

冲浪型客户在网购上花费的时间占其总上网时间的比例不高，他们对常更新、具有创新设计特征的网站感兴趣。

3. 接入型客户

接入型客户是刚接触网络或对网上购物不太熟悉的新手，他们较少购物，喜欢网上聊天、阅读或发送问候。这类客户的网上购物经验不是很丰富，通常对于网页中的简介、常见问题的解答、名词解释、站点结构之类的链接会更加感兴趣。

4. 议价型客户

议价型客户倾向于购买便宜的商品，他们喜欢讨价还价，并有强烈的在交易中获胜的愿望。购物网站上打出“大减价”“清仓处理”“限时抢购”之类的字眼，能够很容易地吸引这类客户。

5. 定期型客户

定期型客户通常被网站的内容吸引，他们常常访问新闻网站和商务网站。对于这个类型的客户，网站必须保证自己的站点包含他们所需要的新闻内容和商务信息，否则他们会很快跳过这个网站进而转入下一个网站中。

6. 运动型客户

运动型客户喜欢运动网站和娱乐网站，他们通常会被网站的内容吸引，网站必须保证自己的站点包含他们感兴趣的体育、音乐、娱乐等信息，否则他们会很快跳过这个网站进而转入下一个网站中。

任务实施

本任务通过访问中国互联网络信息中心，阅读“第 51 次中国互联网络发展状况统计报告”，了解网民规模、网民结构和网民互联网使用率。具体安排如图 3 - 2 所示。

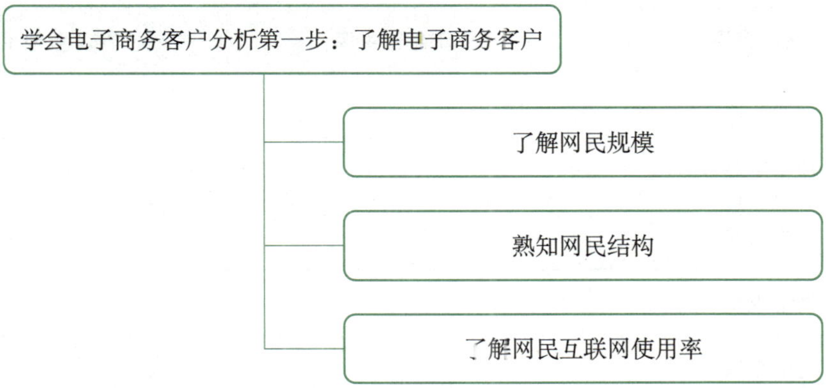

图 3 - 2　了解电子商务客户

STEP1　了解网民规模

进入中国互联网络信息中心，搜索并阅读“第 51 次中国互联网络发展状况统计报告”，完成以下内容：

（1）截至 2022 年 12 月，我国网民规模达______，互联网普及率为______；我国手机网民规模达______。

（2）截至 2022 年 12 月，我国网络购物用户规模达到______，占网民总体的比例为______；与此同时，网络零售继续保持高速增长，2022 年上半年交易额达到______。

STEP2 熟知网民结构

进入中国互联网络信息中心，搜索并阅读第 49、50、51 次中国互联网络发展状况统计报告，对比第 49、50、51 次报告中网民的结构变化，完成表 3－1 的填写。

表 3－1 网民结构

网民结构	第 49 次报告	第 50 次报告	第 51 次报告
性别结构			
年龄结构			

STEP3 了解网民互联网使用率

利用网络搜集信息，查找 2021 年和 2022 年中国网民各类互联网应用使用率，完成表 3－2 的填写。

表 3－2 中国网民互联网应用使用率对比

互联网应用	2021 年使用率	2022 年使用率
即时通信		
搜索引擎		
网络新闻		
网络视频		
网络音乐		
网上支付		
网络购物		

任务小结

了解电子商务客户的规模、结构等信息，学会分析客户类型，有利于更好地与客户进行沟通。只有认识电子商务客户，并以满足其需求为导向，才能提出精准的营销策略。

任务二 熟悉电子商务环境下客户的需求和购买动机

情景导入

娜娜了解客户之后，发现原来客户可以分为这么多种类型。网店客服人员分析客户类型之后，要引导客户说出需求，分析客户的购买动机，从而更好地进行销售。

任务目标

★ 了解电子商务环境下客户的需求特征
★ 熟悉电子商务环境下客户的购买动机
★ 培养服务意识和创新精神

素养园地

小林的网店专门销售糖果，产品品种丰富、造型各异，深受买家欢迎。儿童节是网店的旺销节日，订单多，买家也有不同需求。有的买家提出要个性化包装，小林想着要以客户为中心，以客户需求为首位，就特地请人设计了几款不同类型的包装，供买家选择，买家如有特定图案也可以帮他们做个性化定制。个性化服务推出后订单更多了，这让小林深刻认识到要以客户需求为主导，为客户提供个性化、定制化商品，根据客户需求更好地挖掘客户的购买动机，才有助于网店的长远发展！

评析：

二十大报告的主题里，最醒目的一个词就是“守正创新”。守正是指恪守正道，胸怀正气，行事正当，追求心正、法正、行正。创新是指勇于开拓，善于创造，懂得变通，不断推陈出新。守正与创新共生互补，辩证统一。守正是创新的根基，发挥主导作用；创新是守正的补充，相辅相成。电商客服除了要了解客户和分析客户类型外，更重要的是要了解客户需求，以客户需求为中心，为客户提供个性化产品和服务。

知识热身

一、电子商务环境下客户的需求特征

随着电子商务的出现，消费观念、消费方式和消费者的地位正在发生着重要的变化。电子商务环境下客户的需求与以往相比，呈现出新的特点，如图 3-3 所示。

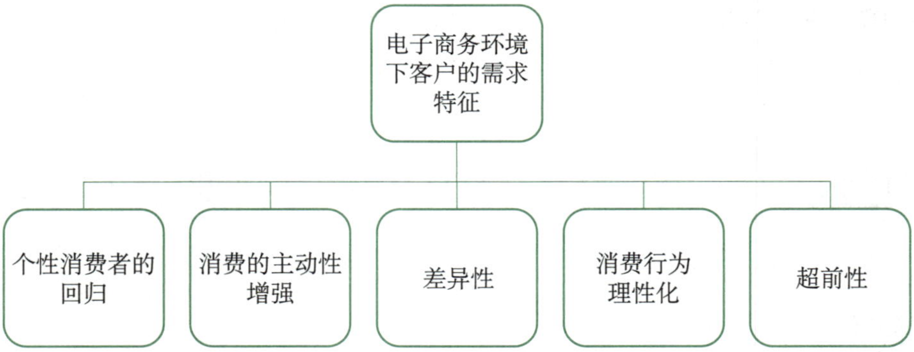

图 3－3　电子商务环境下客户的需求特征

1. 个性消费者的回归

每一个消费者都可以是一个细分市场。心理认同感已经成为消费者做出购买品牌和产品决策的先决条件，每个人都希望自己与众不同，不希望被复制。根据长尾理论，电子商务经营者不应该仅仅关注那些有大批消费者的产品，还应该关注那些只有小众消费者的产品。

2. 消费的主动性增强

有人称网络时代是“一个坚持己见、积极为自己的主张辩护的时代”。消费者不习惯被动接受，而喜欢主动选择。这种消费主动性的增强主要源于以互联网为标志的信息媒体技术的发展，消费者能够更方便地进行信息的收集、分析并进行双向沟通，从而在商品选择上拥有更大的主动性。

3. 差异性

消费者的个性消费使网络消费需求呈现出差异性，不同的网络消费者因其所处的时代不同，会产生不同的需求；不同的网络消费者，即便在同一需求层次上，他们的具体需求也会有所不同。因为网络消费者来自世界各地，有不同的生活习惯，会产生明显的需求差异性，所以电子商务经营者要针对不同消费者的特点，采用精准营销、个性化销售。

4. 消费行为理性化

消费者在网上消费时，越来越趋于理性，希望大范围地选择比较。正常情况下，网上销售的低成本使电子商务经营者有能力降低商品的售价，并且开展各种促销活动，给消费者带来实惠。

5. 超前性

网购群体以经济收入较高、对于新奇和超前的商品比较感兴趣的中青年为主，他们比较容易被新的消费动向与商品介绍所吸引。

扫一扫

电子商务环境下客户的购买动机

二、电子商务环境下客户的购买动机

购买动机是消费者购买并消费商品最直接的原因和动力。电子商务环境下客户的购买动机分为以下几个类型，如图 3－4 所示。

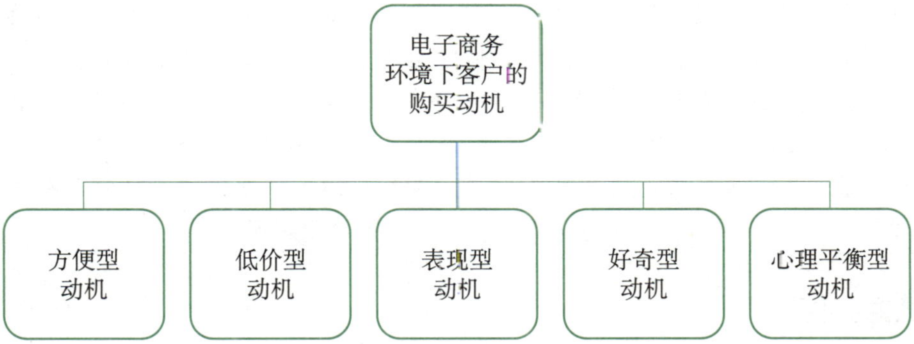

图 3-4 电子商务环境下客户的购买动机

1. 方便型动机

方便型动机是消费者为了追求便捷的一种消费动机。网络购物可以方便消费者购买，减少购买过程的麻烦，减少消费者的劳动强度，这可以满足消费者求得方便的动机。

2. 低价型动机

低价型动机是消费者追求商品低价格的一种消费动机。同种商品，网上的价格有时比超市或商场的价格低廉，许多消费者就是冲这一点而进行网络购物的。因此，低价定位策略也是网络销售过程中十分有效的一种策略。

3. 表现型动机

表现型动机是指消费者通过购买商品来宣扬自我、夸耀自我的一种消费动机。这种消费动机因消费者个性不同而有较大的差异性，有些消费者的表现型动机十分微弱，有些消费者的表现型动机比较强烈。网络上提供的产品中有很多新颖的产品，并且这些产品一般来说在本地传统市场中暂时无法买到或不容易买到，因此，网络购物能满足消费者展示自己的个性和与众不同的品位的需要。

4. 好奇型动机

好奇型动机是指寻找事物发生原因的一种消费动机。这种动机既是生活中的重要动机形式，也是消费者动机中的重要组成部分。促使消费者产生好奇心并且激发其购买欲望的商品，通常是一些外观新奇、功能奇特或给消费者意想不到的发现的商品。新上市的娱乐产品、玩具等一般会激发消费者的好奇型动机。

5. 心理平衡型动机

心理平衡型动机是指由于消费者认为自己存在某些方面的不足，要通过消费商品来弥补个人的不足以取得心理平衡的消费动机。比如，有的消费者在周围的人都购买了某种商品时，也会购买同样的商品以达到与周围环境相同的心理平衡。

小资料

电子商务研究中心发布的《2022 年中国网络零售市场数据监测报告》显示：2022 年

我国网络零售市场总体稳步增长，呈现出东北和中部地区增速较快、农产品网络零售增势较好、新业态新模式彰显活力等特点。2022 年全国网上零售额 13.79 万亿元，同比增长 4%，克服疫情影响保持增长态势。其中，实物商品网上零售额 11.96 万亿元，同比增长 6.2%，占社会消费品零售总额的比重为 27.2%，较 2021 年提升 2.7%，拉动消费作用进一步显现。电子商务市场仍会高速发展，在激烈的市场竞争中，我们只有了解消费者的购买动机，才能激发消费者的购买动机，在竞争中脱颖而出。

任务实施

本任务以 2023 年网络零售额为背景材料，收集相关数据分析电子商务客户的购买动机。具体安排如图 3－5 所示。

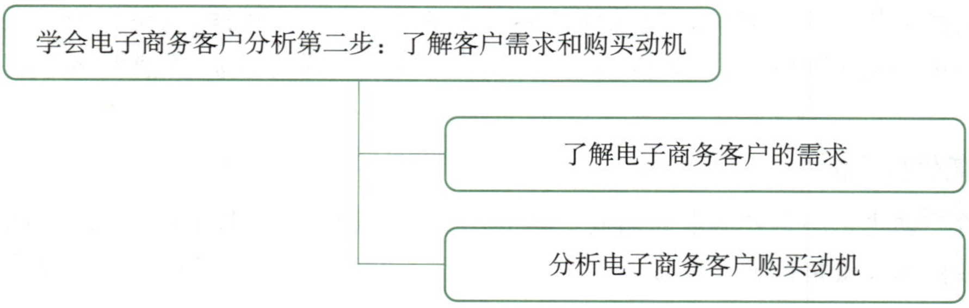

图 3－5　了解客户需求和购买动机

STEP1　了解电子商务客户的需求

1. 搜索 2023 年网络零售额排名前 5 的省（自治区、直辖市）及销售额占比，完成表 3－3 的填写。

表 3－3　销售额 TOP5 的省（自治区、直辖市）及销售额占比

排行	省（自治区、直辖市）	销售额占比
1		
2		
3		
4		
5		

2. 根据 2023 年综合电商平台所有成交产品信息，查看产品品类排名 TOP5 的产品及销售额所占比例，完成表 3－4 的填写。

表 3-4 产品品类 TOP5 的产品及销售额所占比例

排行	产品品类	销售额所占比例
1		
2		
3		
4		
5		

3. 根据 2023 年网络零售相关数据，网络零售品牌 TOP10 分别是____

STEP2 分析电子商务客户购买动机

根据 STEP1 数据进行相关分析，完成以下任务：

1. 销售额 TOP5 的这些地区购买力强是由什么因素决定的？

____

2. 根据排名 TOP5 的产品品类，分析电子商务客户的购买动机和需求特征，完成表 3-5 的填写。

表 3-5 电子商务客户的购买动机和需求特征分析

排名	产品品类	购买动机	需求特征
1			
2			
3			
4			
5			

任务小结

通过进一步了解电子商务客户的需求，学会如何引出客户需求，从客户需求中去分析客户的购买动机，从而更好地引导客户购物。

任务三 分析电子商务环境下客户的购买行为

情景导入

娜娜在了解了电子商务环境下客户的购买动机之后，叮叮嘱咐她要熟悉客户的购买过程，才能更好地与客户进行沟通，同时应针对不同客户给出不同的营销策略，提高店铺转化率。

任务目标

★ 了解电子商务环境下客户购买行为的转变
★ 熟悉电子商务环境下客户的购买过程
★ 分析影响电子商务环境下客户购买行为过程的因素
★ 激发民族自豪感，培育文化自信

素养园地

故宫文创产品的背后

文创是艺术也是生活，将文创元素融入产品能让其更富有趣味性，提升用户的精神享受。说起文创产品，很多人会想到故宫文创。故宫文创始于2008年成立的“故宫文化创意中心”，其在2013年开始转变，从庄严的紫禁城到萌萌的故宫淘宝。2013年，电视剧《甄嬛传》在海峡两岸大红大紫，台北“故宫博物院”独具匠心地将“朕知道了”这句台词印在了胶带上，意外受到两岸年轻人的热烈追捧，成为赴台游客必购纪念品之一。这让北京故宫博物院院长单雾翔认识到了文创产品的庞大市场。接着，故宫在传统文化从简单商品到创意的过程中，开始搭建文创商业版图和一个坚守IP价值与开放互动的产业链。

每件产品以传播文化为出发点，让几百年的故宫文化与现代人的生活对接，通过“用”让消费者真实感受到故宫文化的气息。故宫文创产品在版式设计上能把一种概念或者一种思想通过精美的构图、色彩，准确地传达给目标受众。故宫文创产品通常是具有纪念意义的实用产品。如果产品本身不具备实用性，就难以引起消费者的共鸣，即便购买回家也会闲置在角落。但如果产品本身具有很强的使用价值，能够在日常生活中使用，例如笔、U盘、鼠标垫等，就非常容易融入使用者的生活，起到传播文化的作用。故宫的文创产品以故宫文化为根源，融入时尚元素和科技元素来满足消费者的需求，将传统工艺和高新技术结合的产品更容易吸引消费者的注意力，刺激消费者的购买欲望。

评析：

党的二十大报告指出：全面建设社会主义现代化国家，必须坚持中国特色社会主义文化发展道路，增强文化自信，围绕举旗帜、聚民心、育新人、兴文化、展形象建设社会主义文化强国，发展面向现代化、面向世界、面向未来的，民族的科学的大众的社会主义文化，激发全民族文化创新创造活力，增强实现中华民族伟大复兴的精神力量。

故宫精准地明确了目标用户群体，即拥有当今互联网时代话语权和强大消费能力的年轻群体，并敏锐地洞察了年轻消费群体没有被满足的需求，推出了符合需求的价值主张：拥有中国传统文化特色的现代消费产品。当前，中国正迎来新一轮消费升级的浪潮，消费者的消费行为从应付生活向享受生活和经营生活转变，故宫 IP 高质量文创产品完美地顺应了这一转变潮流，爆火出圈。故宫文创产品同时引领年轻人要传播传统文化，树立文化自信，要有大国自豪感。

知识热身

一、电子商务环境下客户购买行为的转变

扫一扫

电子商务环境下客户的购买过程

随着互联网的商业应用和电子商务的快速发展，客户购买行为已经慢慢从现实社会需求向网络虚拟社会需求转变，如图 3-6 所示。

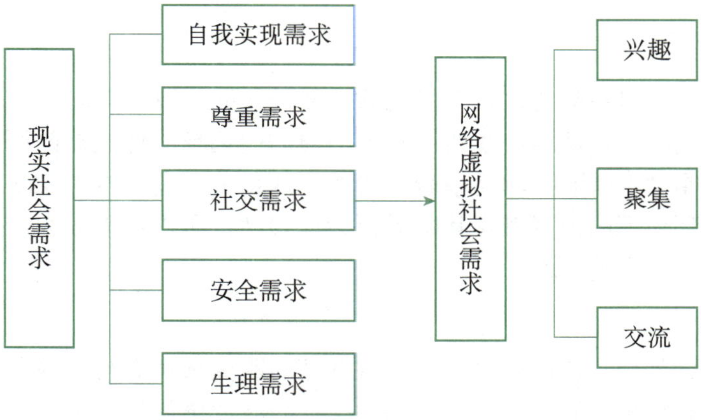

图 3-6　现实社会需求向网络虚拟社会需求的转变

二、电子商务环境下客户的购买过程

电子商务环境下客户的购买过程，也就是网络消费者购买行为形成和实现的过程。这一过程不是简单地表现为买或不买，而是一个较为复杂的过程。与传统的消费者购买行为类似，网络消费者的购买行为早在实际购买之前就已经开始，并且延长到实际购买后的一段时间，有时甚至是一个较长的时期。从酝酿购买开始到购买后的一段时间，网络消费者的购买过程可以粗略地分为五个阶段：诱发需求、收集信息、比较选择、购买决策和购后评价。

1. 诱发需求

网络购买过程的起点是诱发需求。消费者的需求是在内外因素的刺激下产生的。当

消费者对市场中出现的某种商品或某种服务产生兴趣后，才可能产生购买欲望。这是消费者做出消费决定过程中不可缺少的基本前提。

2. 收集信息

当需求被唤起之后，每一个消费者都希望自己的需求能得到满足。所以，收集信息，了解行情，成为消费者购买过程的第二个环节。这个环节的作用就是收集商品的有关资料，为下一步的比较选择奠定基础。

在购买过程中，收集信息的渠道主要有两个：内部渠道和外部渠道。内部渠道是指消费者个人所储存、保留的市场信息，包括购买商品的实际经验、对市场的观察以及个人购买活动的记忆等；外部渠道则是指消费者可以从外界收集信息的通道，包括个人渠道、商业渠道和公共渠道等。

3. 比较选择

比较选择是购买过程中必不可少的环节。消费者对由各条渠道汇集而来的资料进行比较、分析、研究，了解各种商品的特点和性能，从中选择最为满意的一种。一般说来，消费者的综合评价主要考虑商品的功能、可靠性、性能、样式、价格和售后服务等。通常，对一般消费品和低值易耗品选择会比较快捷，而对耐用消费品的选择则比较慎重。

4. 购买决策

消费者在完成了对商品的比较选择之后，便进入购买决策阶段。购买决策是指消费者在购买动机的支配下，从两件或两件以上的商品中选择一件满意的商品并下单购买的过程。购买决策是消费者购买活动中最主要的组成部分，它基本上反映了消费者的购买行为。电子商务环境下的消费者，其购买行为理智动机所占比重较大，感情动机的比重较小，而且受外界的影响较小。

5. 购后评价

消费者购买商品后，往往通过使用，对自己的购买选择进行检验和反省，如购买是否正确、使用是否理想、服务是否周到等。这种购后评价往往决定了消费者今后的购买动向。消费者在购买和使用某种商品后，感到满意，他们就会重复购买这种商品，并且会对别人说这种商品的好话；反之，消费者在购买或使用某种商品后感到不满意，他们以后就不会再去购买这种商品，而且会对别人说这种商品的坏话。所以商界流传着这样一句话："满意的顾客就是我们最好的广告。"在这里，"满意"的标准是商品的价格、质量和服务与消费者预期的符合程度。商品的价格、质量和服务与消费者的期待相匹配，消费者会感到心理上的满足，否则，就会产生厌烦心理。购后评价为消费者发泄内心不满提供了一条非常好的渠道。

三、影响电子商务环境下客户购买行为过程的因素

1. 文化因素

文化是决定人类欲望和行为的基本因素。文化因素是影响消费者需求的最基本因素。

每个人都处在一定的文化环境之中，接受着共同的价值观念、道德规范、风俗习惯等。因此，文化因素对消费者的购买行为有着强烈的影响。文化不仅影响人们对特定商品的购买，还影响消费者的信息搜集和价值判断，即文化以多种形式作用于网络消费者购买行为过程。

2. 社会因素

对消费者的购买行为产生影响的社会因素有家庭、社会地位、生活群体等。其中，家庭的影响最大。家庭是社会的基本组成单位，也是社会基本的消费单位。家庭对消费者的购买行为起着潜移默化的影响。家庭购买决策可分为三种：一人做主、全家参与意见或全家共同决定。

家庭购买行为在很大程度上受到家庭所处的生命周期的影响。不同家庭生命周期阶段及各阶段的购买特点，如表 3-6 所示。

表 3-6　不同家庭生命周期阶段与购买行为特点

阶段	购买行为特点
单身阶段	这一阶段的群体比较关心时尚，崇尚娱乐和休闲
新婚阶段	这一阶段的群体是剧院门票、昂贵衣服、奢侈品、旅游、饮食等的重要消费者
满巢阶段一	这一阶段孩子在 6 岁以内，家长会在孩子养育及家庭度假、用餐、家居布置上花费较多
满巢阶段二	这一阶段孩子超过 6 岁，多在小学或中学读书，家长在孩子教育上花费大
满巢阶段三	这一阶段家长年纪较大但孩子尚未完全独立，家庭会更新一些大件用品（如购置新的家具），还会在医疗上花费较多
空巢阶段	这是人生中手头较宽裕的时期，有些人会非常节俭，而有些人会频繁外出度假或购买高档物品

3. 个人因素

个人因素对商品购买的影响是很重要的。个人因素包括性别、年龄、职业、生活方式、兴趣爱好、个性等。

4. 心理因素

心理因素是影响消费者购买行为的内部因素之一。网络消费者购买商品时会受心理因素的影响，比如动机、直觉等。不同的动机造就了网络消费者的不同需求，而商品的在线评价则很可能影响网络消费者对于该商品的态度。在数字化时代，网络消费者除了具有传统消费者的心理动机之外，还具有其他由网络技术应用而引发的心理动机，包括：追求新奇的心理，个性化的心理，寻求方便和价格便宜的心理，等等。

5. 经济因素

经济因素是决定购买行为的首要因素。商品价格、消费者收入、商品效用等都会影响消费者的购买行为。经济因素对消费者购买行为的影响是不断变化的。在收入较低的情况下，经济因素是消费者决定是否购买的主要因素。但是随着可任意支配收入的增加，这一因素的影响会逐渐降低。

6. 网站因素

电子商务网站会直接影响消费者的购买行为，电子商务企业在网站开发设计过程中必须重视网站的便捷性、真实性、安全性。

任务实施

本任务通过亲身购物来分析客户购买行为。具体安排如图 3－7 所示。

学会电子商务客户分析第三步：分析客户购买行为
- 了解电子商务环境下客户购买过程
- 分析电子商务环境下客户的购买行为

图 3－7　分析客户购买行为

STEP1　了解电子商务环境下客户购买过程

1. 消费者购买过程分析。

进入一个购物网站（例如淘宝网），选择一件自己所需商品进行购买，记录此次网上购物的购买过程，并完成下面相关内容的填写。

（1）诱发需求。写出你的购物需求：________________________________

____

（2）收集信息。了解商品的销售平台：________________________________

____

了解商品的哪些信息：________________________________

____

通过哪些渠道收集商品信息：________________________________

____

（3）比较选择。通过比较、分析、研究，了解各种商品的特点和性能：________

____

（4）购买决策。决定在哪个销售平台购买哪种商品：________________________

（5）购后评价。收到商品后写评价：________________________________

____

2. 客服工作内容记录及客服满意度评价。

根据实际购买过程，写出在购买各个阶段中客服的具体工作内容，并对该阶段的客服工作进行满意度评价，提出意见和建议，完成表 3－7 的填写。（选择一件商品并咨询

客服，把整个过程各个阶段记录下来）

表 3-7　客服工作内容及客服满意度评价

阶段	客服工作内容	客服满意度评价	意见和建议
诱发需求			
收集信息			
比较选择			
购买决策			
购后评价			

STEP2　分析电子商务环境下客户的购买行为

淘宝网发布过一份网购族群报告，引起网民的极大关注。这份报告将淘宝网用户按照网购习惯划分为“夜淘族”“剁手族”“囤货族”“收藏族”“吃货族”“旅行族”“逛逛族”“实惠族”等不同族群。

试对网购族群的购买行为进行分析，完成表 3-8 的填写。

表 3-8　网购族群的购买行为特点

网购族群	购买行为特点
夜淘族	
剁手族	
囤货族	
收藏族	
吃货族	
旅行族	
逛逛族	
实惠族	

任务小结

客服人员可以通过对电子商务环境下客户的购买过程、购买行为特点进行分析，从而进一步了解客户，掌握针对不同客户应采用的营销方案，提高店铺销售额。

综合练习

一、判断题

1. 冲浪型客户在网购上花费的时间占其总上网时间的比例高。（ ）

2. 方便型动机是电子商务环境下客户的购买动机之一。（ ）

3. 接入型客户是刚接触网络或对网上购物不太熟悉的新手，他们较少购物，喜欢网上聊天、阅读或发送问候。（ ）

4. 购物网站上打出"大减价""清仓处理""限时抢购"之类的字眼能够很容易地吸引议价型客户。（ ）

5. 表现型动机是指消费者通过购买商品来宣扬自我、夸耀自我的一种消费动机。（ ）

二、选择题

1. 电子商务环境下客户的类型分为简单型、冲浪型、接入型、议价型、定期型和（ ）。

A. 便利型　　B. 运动型　　C. 复杂型　　D. 理性型

2. 电子商务环境下客户购买过程：诱发需求→收集信息→比较选择→（ ）→购后评价。

A. 购买动机　　B. 购买决策　　C. 购买行为　　D. 确认订单

3. 社会因素的影响主要是指消费者所处的家庭、（ ）、生活群体等对其购买行为的影响。

A. 社会地位　　B. 社会行为　　C. 生活习惯　　D. 个人爱好

4. 电子商务环境下客户的购买动机分为方便型、低价型、表现型、好奇型和（ ）。

A. 定价型　　B. 需求型　　C. 个性型　　D. 心理平衡型

5. 电子商务客户也可称为网络消费者，是通过互联网在电子商务市场中进行消费和购物等活动的消费者群体，其以（ ）为工具完成购买行为从而实现自身需要的满足。

A. 计算机网络　　B. 信息平台　　C. 互联网　　D. 信息技术

三、操作题

1. 了解电子商务环境下客户的不同类型。

顾客	网店	商品名称	购买原因（需求）	选中该商品的理由（动机）	对商品的评价（购买行为）
中年女士	天天特价	牙膏、牙刷	生活日用品	方便，专门找特价、实惠商品	物美价廉
学生	天猫旗舰店	服装	喜欢新款、有创意的	喜欢新款、有创意、追求潮流	款式新，潮流
上班族	天猫旗舰店	服装	网上购买方便，不浪费时间	便利，选择多	购买方便，款式多

(1) 结合所学知识点，写出以上三位顾客分别是属于哪种类型的客户。

中年女士（　　　　）　　　学生（　　　　）　　　上班族（　　　　）

(2) 分析以上三位顾客所属类型的特点，并提出相关营销策略。

2. 你平常上网购物时属于哪种类型的客户？有什么特点？

实践篇

项目四

售前客户服务

学习目标

● **知识目标**

1. 熟悉网店售前服务的接待流程及内容；
2. 掌握网店客服必备的产品、网站交易规则、付款、物流等相关知识。

● **能力目标**

1. 能解决工作中的实际问题；
2. 能完成不同电商平台即时聊天工具的安装；
3. 能借助一定的沟通工具完成咨询洽谈工作。

● **素养目标**

1. 培养爱岗、敬业的职业理念和社会责任感，厚植爱国情怀；
2. 培养法律意识和遵守平台规则的意识；
3. 培养竞争意识、创新意识。

叮叮说案例

高明客服 不见面也能猜出买家样子

金牌客服沙沙可以通过网上聊天来判断买家的性格和心理。有一次，一个女生咨询一双男鞋的款式，沙沙立刻想到这位女生可能是给男朋友买鞋子。“要什么码数的呢?”“39 码的。”这时沙沙已通过鞋码知道了她男朋友的大致身高，也猜到了她男朋友应该是比较瘦的。通过这名女生网上聊天的语气，沙沙推测她是性格开朗且凡事喜欢做主的女生。根据“互补原则”，她男朋友应该是比较听从女朋友建议的。

“我猜你男朋友是戴眼镜的。”“你怎么知道呢?”这名女生还给沙沙发了一张照片，是五个年龄差不多的女生的合影，让沙沙猜哪个是她。沙沙想，一个开朗、喜欢做主的女生应该是站在显眼位置，而且穿着时尚、惹人注意的，于是立即猜出了哪一个是这个女生。这么一来，这个女生便觉得她和沙沙“太有缘分”了，双方距离一下子拉近了很多。后来，沙沙不仅让这位女生买了件男装给她男朋友，还推荐她买了一件女装。

点燃思考

娜娜："叮叮主管，我也想做一名像沙沙那样的金牌客服，我需要从哪些方面努力呢？"

叮叮："沙沙不仅有熟练的沟通技巧，善于通过从沟通中获取的信息来分析顾客的性格特征，而且产品知识储备丰富，能根据顾客的具体情况，有针对性地进行推荐，促成交易。在网店客户服务中，客服与顾客互不见面，要想更好地服务顾客，就要有大量的售前知识储备，如了解售前工作内容、流程，学会沟通工具的使用，掌握产品知识和一定的沟通技巧等。"

任务一　初识网店售前服务

情景导入

娜娜来客服部实习第一天，叮叮为她简单介绍了网店客服的具体工作，然后给她一台电脑，让她先了解网店售前服务的相关知识。

任务目标

★ 知道什么是网店售前服务

★ 熟悉网店售前服务的接待流程及内容

★ 熟悉网店售前服务的接待原则

★ 了解网店售前客服需具备的知识和技能

★ 培养爱岗、敬业、用心的职业信念

素养园地

某沙发旗舰店的客服主管木木，在给新客服进行岗前培训时讲了一件亲身经历的事情：西安有位王女士对网购沙发质量持怀疑态度，询问多次却迟迟不下单。客服主管木木为了了解她的顾虑，每天都会主动跟她聊几句，有时就是打个招呼，问候一下。这样持续服务了一个月，共累积了 100 多页的聊天记录，最终王女士下单购买了首次咨询的沙发。

木木认为客户犹豫的背后是顾虑，比如对品牌的不信任、对质量的怀疑、对价格的敏感、对售后的担忧等，接待此类客户应该采取主动的策略，与客户成为朋友。客服可以用耐心和关心消除与客户的距离感，打消客户的顾虑。售前客服不是被动地回答客户提出的问题，而应用心挖掘每位客户的真实需求，耐心做好服务，努力提高询单转化率。

评析：

若想做好事情，需要付出努力和坚持。对客户来说，售前客服就是产品的代言人，客户会因为信任客服，进而信任其所推荐的产品。客服需要具有扎实的职业技能和良好的职业素养，方能绽放职业魅力、实现个人的职业价值。

知识热身

一、网店售前服务的含义

网店售前服务是指利用网络接待客户，并通过一定的沟通技巧获取信息，为客户提供产品介绍、产品推荐，以及解答客户疑问等服务，促使客户做出购买决定，促成交易。

二、网店售前服务的接待流程

扫一扫

网店售前服务的接待流程

网店售前服务的接待流程如图 4－1 所示。

1. 进店问好

对某个产品进行询问的通常都是对这个产品有兴趣的潜在客户，客服一定要善于捕捉这个机会，礼貌热情地跟客户打招呼，给客户留下良好的第一印象，还要做到及时回复，避免让客户等太久而选择其他店铺。

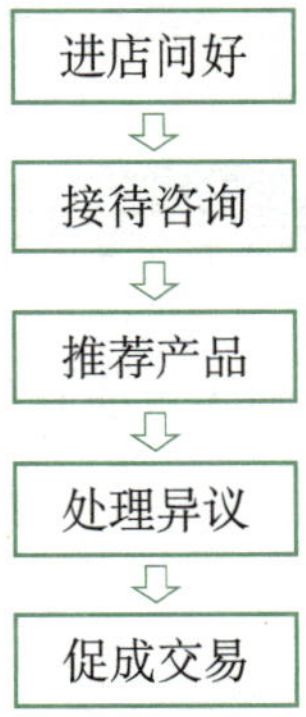

图 4－1　网店售前服务的接待流程

2. 接待咨询

接待客户时要做到热心引导，认真倾听。在客户询问的时候，客服一定要认真对待客户所说的每一句话，通过回复让客户感到你的诚心，还可通过沟通揣摩客户的心理，了解客户的真实需求，以便在客户犹豫不决时引导客户选择更适合他的产品。

3. 推荐产品

推荐产品要精准，体现出专业性。很多时候，客户是需要客服推荐产品给他的，只有了解客户的需求，才可能推荐最适合客户的产品。精准地推荐产品不仅有利于促成交易，还可减少售后问题，提高客户的回购率。

4. 处理异议

在服务过程中，总会遇到客户对产品、交易方式、交易条件等提出这样或那样的问题。面对这种情况，客服要耐心解释，必要的时候可采取以退为进的策略来消除客户异议。例如客户对价格产生异议，但是客服又无任何权限时，可告知对方已经是最低价，买或者不买价格都不能再低了，以给客户一个压力。但一定要注意表达方式，可以用一些俏皮的语言或可爱的表情、图片等，营造轻松和谐的沟通氛围。

5. 促成交易

客服在线接待、解答，打消了客户在购物过程中产生的疑虑后，应该尽快促成交易。常见的促成交易法有：利益总结法、前提条件法、询问法和“yes sir”法，如图 4－2 所示。

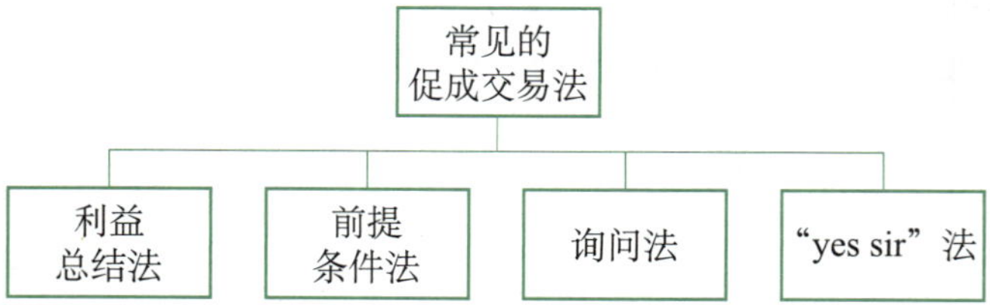

图 4-2　常见的促成交易法

（1）利益总结法。客服总结并陈述所有产品将带给客户的利益。注意条理要清晰，表达准确，要针对客户的需求全面总结利益。

（2）前提条件法。提出一个特别的优惠条件，比如赠送店铺优惠券、再送一份小赠品等。但要注意的是，一定要配合店铺的促销政策。

（3）询问法。询问法又称提问法，是指客服在线接待时通过提问，了解客户可能存在的需求或问题，引导、发掘、明确客户的需求与期望，从而不断推进营销过程，促成交易。较常用的询问方式有选择式提问、引导式提问、请教式提问、建议式提问和指向性提问等。

（4）“yes sir”法。对于客户的要求，客服先通过说“是的”，表示认同或理解，之后再用简短的补充来说服客户。客服站在客户的立场，有步骤地帮助客户解决问题。只有把客户的所有疑虑都排除了，建立了信任，客户才有可能下单购买。

三、网店售前服务的接待原则

网店售前服务要遵循两大接待原则：服务原则和销售原则，具体内容如图 4-3 所示。

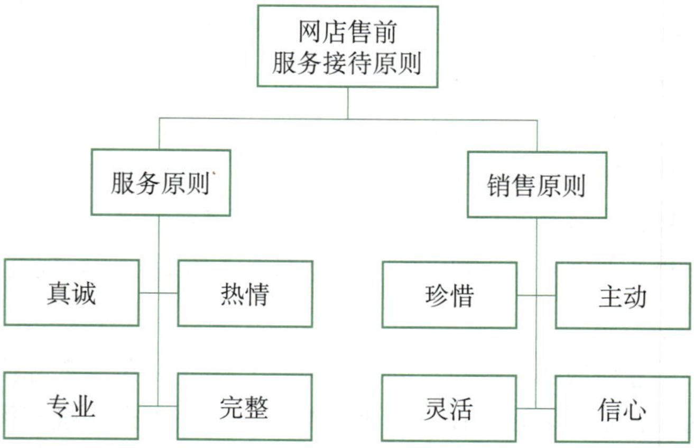

图 4-3　网店售前服务接待原则

1. 服务原则

在任何时候，服务好客户都是客服的第一要务，服务原则主要要求做到以下四点：

（1）真诚。只要是真心诚意地去服务客户，多为客户着想，就自然而然地会接待好客户。

（2）热情。在接待客户的时候要让客户感觉到你的热情，因为是文字沟通，所以热情体现在回复速度、语气词、使用的表情等方面。

（3）专业。每个客户都希望听到的是准确的、对自己有帮助的答案，希望服务自己的客服非常专业。

（4）完整。服务有头有尾，客户购买前咨询，要认真解答；客户购买后，客服要认真核对地址，礼貌道别；出现售后问题，要妥善交接给售后客服。每一位客服的服务都需要完整。

2. 销售原则

强大的销售能力是客服价值最直观的体现，销售原则主要应遵循以下四点：

（1）珍惜。只有珍惜与每一位客户沟通的机会，客服才能把业绩做好。

（2）主动。在很多时候，客服都需要主动出击，销售不是机械的一问一答，要想办法引导客户。

（3）灵活。优秀的客服，一定要懂得变通，因为客户需求不同，所以灵活是必备的销售原则。

（4）信心。客服要对成交有信心，要相信能与每一位进店咨询的客户达成交易。

四、网店售前客服需要具备的相关知识和技能

网店售前客服需要具备的相关知识和技能主要有：产品知识，网站交易规则，付款知识，物流知识，沟通管理工具的使用，如图 4－4 所示，具体内容将在任务二到任务六中进行详细介绍。

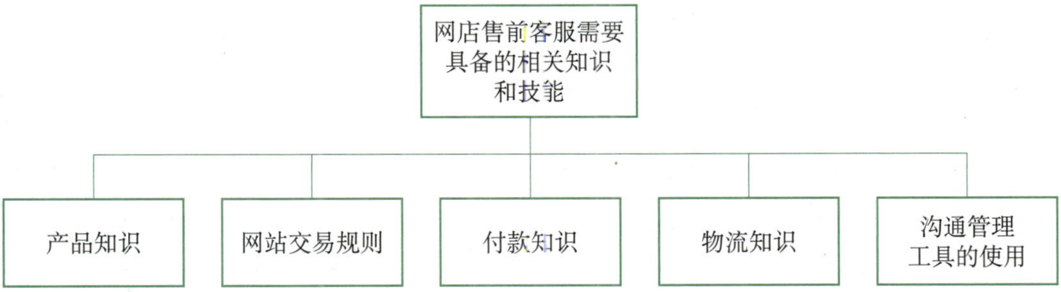

图 4－4 网店售前客服需要具备的相关知识和技能

网店售前客服需要掌握的产品知识主要包括产品的专业知识、产品的周边知识及同类产品知识等。

网站交易规则主要指第三方电子商务平台的一般交易规则。

付款是网络购物中必不可少的一个重要环节，是指通过互联网实现的用户和商户、商户和商户之间在线货币支付、资金清算、查询统计等过程。

物流知识包括基本的物流配送模式、物流运作方式以及不同物流的其他重要信息，如价格、速度、联系方式、优势等。

不同的电子商务平台，通常需要借助不同的沟通管理工具。客服要学会下载、安装各平台的即时聊天工具，熟练掌握工具的使用方法和技巧等。

任务实施

本任务以淘宝网为例，要求熟悉淘宝网店交易流程，明确网店售前服务的内容，并学会有针对性地进行售前沟通话术设计。具体安排如图 4－5 所示。其他网站交易流程与此类似。

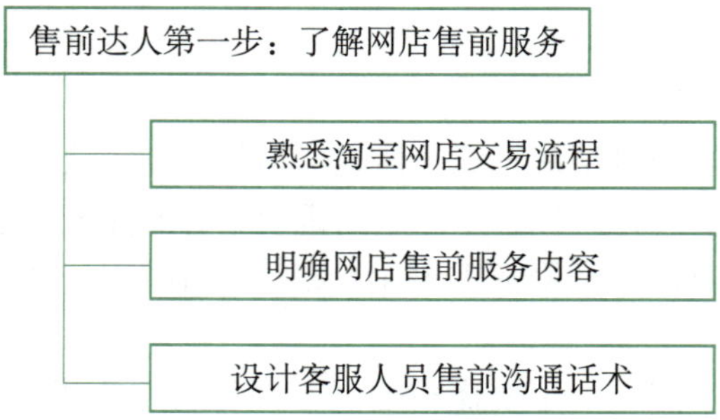

图 4－5　了解网店售前服务

STEP1　熟悉淘宝网店交易流程

要求：利用网络对淘宝网店交易流程的信息进行收集、整理，完成表 4－1 的填写。

表 4－1　淘宝网店交易流程

编号	买家操作	卖家操作
1		
2		
3		
4		
5		
6		
7		
8		
9		
10		

提示：（1）本任务选定淘宝平台，要求掌握淘宝网店交易流程。不同类型网店交易流程在购物准备、支付方式等方面略有不同，但基本流程是一样的，完成本任务，便可对网络购物流程有一定的了解。

（2）假设买家已经完成淘宝账号的注册，银行卡也已经开通网上支付功能。

（3）本表不一定要填满，也可能不够填写，仅需按自己的理解，将一个完整的网店交易流程展现即可。

STEP2 明确网店售前服务内容

提示：对照表 4－1 中“卖家操作”内容，明确哪些是属于网店售前服务的内容，填写在下面的横线上。

网店售前服务内容主要有：____

____

____

STEP3 设计客服人员售前沟通话术

售前客服需要掌握一定的沟通话术，请根据不同的情境，在表 4－2 中相应的位置填写设计的沟通话术。

表 4－2 售前客服沟通话术

接待流程	客户话语	客服话术 1	客服话术 2
进店问好	亲，在吗？		
接待咨询	这件商品有货吗？		
	这个化妆包有紫色的吗？	“有货”的情况：	“没有货”的情况：
	亲，能包邮吗？	“购物达一定金额能包邮”的情况：	“不包邮”的情况：
	今天有什么优惠活动吗？	“有优惠活动”的情况：	“没有优惠活动”的情况：
推荐产品	亲，麻烦给我推荐一款行李箱吧。		
处理异议	别人才卖 9.9 元，你们的怎么这么贵？		
促成交易	好的，那我就要这件吧。		

任务小结

网店售前服务的接待流程为进店问好、接待咨询、推荐产品、处理异议和促成交易五个环节。网店售前客服应该熟悉售前接待的流程及内容、原则，并通过一定的沟通技巧为客户提供信息、解决客户疑问等，促使客户做出购买决定。

任务二　了解网店产品知识

情景导入

通过对网店售前服务知识的学习，娜娜了解到客服需具备的相关知识与技能中第一项就是产品知识。其实从实习的第一天起，娜娜就被店铺中琳琅满目的产品吸引了，一直想更进一步了解它们，于是娜娜主动进行售前产品知识的储备。

任务目标

★ 了解产品的含义和三个层次

★ 掌握网店客服必备的产品知识

★ 助力专业认知，提升职业素养

素养园地

小凯是某化妆品品牌官方旗舰店的一位金牌客服，他不仅精通产品知识，还善于进行关联销售。下面是他和客户米娅的一段聊天记录：

米娅："在吗？"

小凯："您好，欢迎光临×××官方旗舰店，我是您的专属客服小凯，请问有什么可以帮您的？"

米娅："我想买一款面膜，可以推荐一下吗？"

小凯："请问您是什么肤质呢？不同的面膜适用不同的肤质哦。"

米娅："我平时皮肤有些过敏，总觉得痒痒的。"

小凯："亲，您是属于过敏的肤质，我为您推荐一款能缓解皮肤过敏的面膜，请您稍等。"

米娅："这真的对过敏的皮肤有帮助吗？"

小凯："（链接）亲，我们店里的每款产品都是经过严格的检验，质量有保证，效果有针对性的呢，请放心选购。我们也都经过了严格的专业知识的培训。"

米娅："好的，那我就选这款试试。"

小凯："请问您平时有护肤的习惯吗？"

米娅："我不需要护肤呢，我属于中性皮肤。"

小凯："亲，您的皮肤不错哦。"

米娅："呵呵，谢谢。"

小凯："亲，护肤对于皮肤保养有着重要的意义，每天护肤就像给自己换上新衣裳，非常清新健康。建议您考虑一下。"

米娅："好的，你有什么推荐？"

小凯："您先看看这款精华液（链接）哦，在面膜前使用，配合面膜一起使用效果很好哦。"

米娅："好的，我看看。"

米娅："好的，我买了。还有其他的推荐吗？"

小凯："这是适合过敏皮肤的乳液和面霜（链接）。"

米娅："好吧，我都要了，尽快发货哦。不然我放假了就收不到了。"

小凯："会的哦，请您放心，我会督促仓库人员尽快发货的哦！亲，可以关注一下店铺，用得好再来照顾小凯生意哦（送花）。"

评析：

大部分顾客对自己要购买的产品的熟知程度是不够的，为了让顾客在短时间内尽可能详细全面地了解产品，需要客服精通专业知识，为顾客详细讲解，消除顾客对于陌生专业知识和产品的心理障碍。客服小凯精通专业知识，用一套完整的销售流程，给顾客一种专业性的体验，提升了顾客的信任感和依赖感。专业知识的掌握程度反映了客服对于行业和产品知识的熟练程度以及专业程度，体现了客服的职业能力和职业素养。

知识热身

一、产品概述

1. 产品的含义

产品是指能够提供给市场，被人们使用和消费，并能满足人们某种需求的任何东西，包括有形的物品，无形的服务、组织、观念，或它们的组合。

小知识

产品是能提供给市场以满足欲望和需要的任何事物，包括实物、服务、体验、场所、组织、创意等。

2. 产品整体概念

产品整体是能够给购买者带来有形利益与无形利益，能满足购买者一定需求与欲望的多层次整体。

产品一般分为三个层次：核心产品、形式产品、延伸产品，如图 4－6 所示。

扫一扫

产品整体概念

（1）核心产品，是指整体产品提供给购买者的直接利益和效用。

（2）形式产品，是指产品在市场上出现的物质实体外形，包括产品的品名、品牌、品质、标签、特征、造型、商标、规格和包装等。

（3）延伸产品，是指整体产品提供给顾客的一系列附加利益，包括资讯、运送、安装、维修、质量保证和技术培训等在消费领域给予顾客的好处。

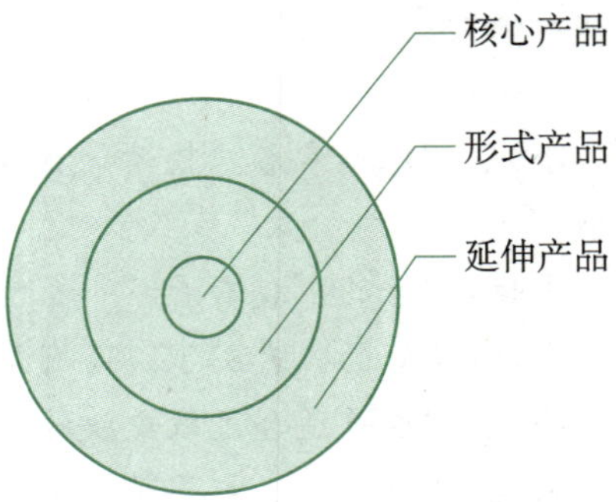

图 4-6　产品整体概念图

二、网店客服必备产品知识

网店客服需要掌握的产品知识主要包括产品专业知识、产品周边知识以及同类产品知识，如图 4-7 所示。

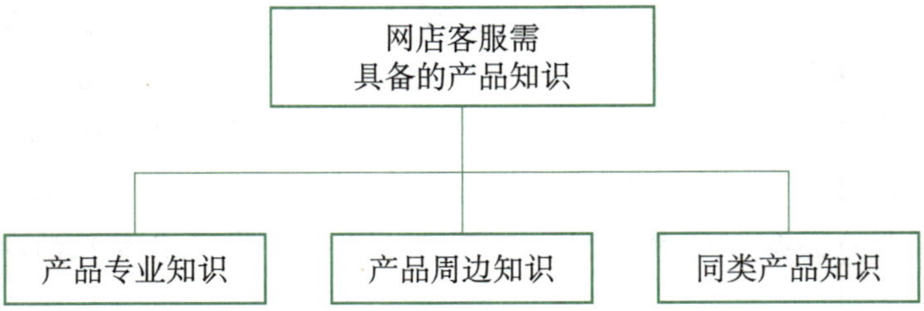

图 4-7　网店客服需具备的产品知识

1. 产品专业知识

客服应当对产品的种类、材质、尺寸等都有一定的了解，还应熟悉产品的使用方法和保管方法等，同时也应了解一定的行业相关知识。

小知识

产品知识就是推销力，产品技术含量越高，产品知识在销售中的重要性就越大。

客服掌握产品知识的途径有听专业人员介绍、亲自观察和亲自使用等。客服在了解产品的基础上要找到产品的优点及独特卖点，优点即顾客买你的产品的理由；独特卖点是顾客买你的产品而不买竞争品的原因。

客服要努力成为产品专家，让顾客觉得你值得信赖。

2. 产品周边知识

产品周边知识是指与产品销售存在密切关系的非专业知识。例如，与化妆品相关的周边知识主要包括顾客的肤色、肤质、季节因素、地域气候等，与服装相关的周边知识包括顾客的职业、体形、性格、生活习惯等。了解产品的周边知识，能更好地对产品进行推荐，利于产品销售。

3. 同类产品知识

同类产品包括相同或相似产品。相同产品是指二者在用途和功能上完全相同的产品，相似产品是指二者用途相同但具体功能有所不同的产品。相同或相似产品，对顾客来讲是可以选择和替代的，对生产者和销售者来讲是具有竞争关系的。客服对同类产品有基本的了解，可以更好地为顾客提供服务。

任务实施

本任务通过浏览三家不同类型的网店，熟悉网店及其产品信息。具体安排如图 4－8 所示。

- 售前达人第二步：了解网店产品知识
  - 了解网店及其产品信息
  - 熟悉网店产品信息

图 4－8　了解网店产品知识

STEP1　了解网店及其产品信息

1. 进入淘宝网，搜索“旅行收纳包”，点击进入某一店铺，查看并了解该网店及其产品信息，完成表 4－3 的填写。

表 4－3　淘宝店铺信息表

<table>
<tr><td colspan="2">网店名称</td><td colspan="3"></td></tr>
<tr><td colspan="2">店铺开店时间</td><td colspan="3"></td></tr>
<tr><td colspan="2">店铺动态评分</td><td colspan="3"></td></tr>
<tr><td colspan="2">宝贝分类</td><td colspan="3"></td></tr>
<tr><td rowspan="6">宝贝排行榜</td><td rowspan="3">按销量排名（前三名）</td><td>1</td><td></td><td>卖点：</td></tr>
<tr><td>2</td><td></td><td>卖点：</td></tr>
<tr><td>3</td><td></td><td>卖点：</td></tr>
<tr><td rowspan="3">按收藏数排名（前三名）</td><td>1</td><td></td><td>卖点：</td></tr>
<tr><td>2</td><td></td><td>卖点：</td></tr>
<tr><td>3</td><td></td><td>卖点：</td></tr>
</table>

2. 进入淘宝网，搜索“旅行收纳包”，点击进入某一天猫旗舰店，查看并了解该网店及其产品信息，完成表 4－4 的填写。

表 4-4　天猫旗舰店信息表

网店名称	
开店时间	
店铺动态评分	
所在地	
宝贝分类	
广告语	
促销活动	

3. 进入阿里巴巴网，搜索“旅行收纳包”，点击进入某一店铺，查看并了解该网店及其产品信息，完成表 4-5 的填写。

表 4-5　阿里巴巴网店信息表

网店名称	
开店时间	
企业类型	
粉丝数	
推广活动	

STEP2　熟悉网店产品信息

1. 了解店铺产品分类情况。

进入表 4-4 中的网店，单击“宝贝分类”，查看店铺产品分类情况。任选一产品，点击进入产品详情页，查看产品参数，完成表 4-6 的填写。

表 4-6　产品分类情况

项目	具体介绍
宝贝分类	
产品详情	宝贝标题：
	产品参数：

2. 熟知产品知识。

以产品专业知识中的“材质”为例，请自行查找资料，完成表 4-7 的填写。对于尚不熟悉的其他产品知识，也可按此方法学习。

表 4-7 不同材质产品特性表

材质	特点	优点	缺点
塑料			
锦纶			
PVC			
涤纶			
牛津纺			
棉纱			
布艺			
布			
PU			

任务小结

知己知彼，方能百战不殆。售前客服不仅要了解产品专业知识、产品特点等，还要了解产品周边知识、同类产品知识等，这样才能在接待顾客时提供优质的服务，为店铺创造最大的利润。

任务三 熟悉第三方平台规则

情景导入

通过前期学习，特别是在浏览了相关网店后，娜娜发现在不同平台上经营的网店在营销、装修、服务策略等方面都有所不同。她想到了学习网上开店课程时，老师有介绍不同的平台有不同的规则要求，所以想系统学习一下第三方平台的规则，避免在工作中因不熟悉平台规则而发生违规行为，给店铺带来不必要的损失。

任务目标

★ 了解规则的含义和特点
★ 熟悉第三方平台规则相关知识
★ 掌握淘宝网规则的具体要求

★ 培养遵守平台规则的意识，提升职业素养

素养园地

目前，我国电商平台都已建立起一整套完整的规则体系，这些平台规则对维护和保障网络市场快速稳定发展起到了积极作用。如淘宝规则，主要分为准入规则、营销规则、交易规则、处罚规则四大类，基本上涵盖了从注册到交易完成整个过程中可能遇到的问题的处理规则，从而支撑着淘宝平台庞大的交易系统，确保消费者能顺畅、安全地“买买买”。淘宝规则中的一些适应网络市场特点的管理措施，如“消保金制度”“信用评价”“店铺评分”等，已被各大电商平台借鉴采纳，成为行业惯例。

各大电商平台监管力度很大，处罚也很严格，商家们在运营时一定要让客服人员熟练掌握平台规则。

评析：

任何电商平台都有其相应的规则，如果店铺违背了平台规则，则会被平台降权扣分甚至被封店。客服要想服务好店铺，提高店铺业绩，就要清楚地知道平台的规则。

知识热身

一、规则概述

1. 规则的含义

规则一般指由群体共同制定、公认或由代表人统一制定并通过的，由群体里的所有成员一起遵守的条例和章程。简言之，规则是指制定出来供大家共同遵守的制度或章程。

2. 规则的特点

规则主要具有三大特点，如图 4－9 所示。

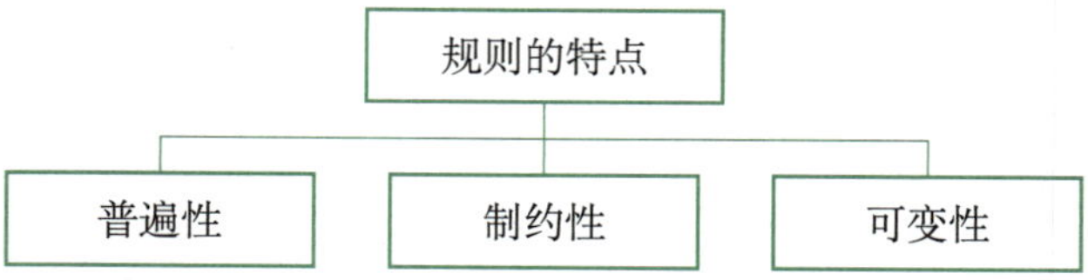

图 4－9　规则的特点

（1）普遍性。规则是由于得到大家承认和遵守而存在的，是多种多样的。规则是普遍存在的，可使人们的生活更加有条理。

（2）制约性。社会由各种规则维持着秩序，只要是规则，便具有制约性，因为规则都具有绝对或相对的约束力。在这种制约性中包含着个体切身的利害关系，因此规则的制约性是普遍存在的，也是不可消除的。

（3）可变性。规则不是一成不变的。有许多规则随着社会的发展相继废立，也有许多规则随着生活的需要而不断完善。

3. 网规的含义

网规又叫平台规则、网络规则，是指由电子商务服务企业根据实践经验自行摸索出的一套网络市场治理措施。

与其他社会规范相比，网规属于新生事物，有许多规则是随着需要而不断完善的。

小资料

网规的发展逻辑是：先有电子商务，再有网规。平台为了适应电子商务发展自发形成网规，这是一个动态的历史过程。

二、第三方电子商务平台规则

扫一扫

第三方电子商务交易平台规则

1. 第三方电子商务平台的含义

第三方电子商务平台，也称第三方电子商务企业，泛指独立于产品或服务的提供者和需求者，通过自建网络服务平台，按照特定的交易与服务规范，为买卖双方提供服务的企业。服务内容包括供求信息发布与搜索、创建网店、交易管理等。

企业开展电子商务的方式主要有自建平台和借助第三方平台两种方式。目前，越来越多的企业借助第三方平台开展电子商务活动，如企业常根据自身情况借助淘宝、天猫、阿里巴巴、京东、微店、拼多多、当当、唯品会等平台开设店铺。

2. 第三方电子商务平台规则的作用

第三方电子商务平台在电子商务服务业发展中具有举足轻重的作用。平台不仅沟通了买卖双方的网上交易渠道，大幅度降低了交易成本，也开辟了电子商务服务业的一个新领域。

不同的平台有不同的规则，第三方电子商务平台规则的作用主要体现在以下几个方面：

（1）维护和保障网络市场快速稳定发展。保护企业和消费者合法权益，营造公平、诚信的交易环境，保障交易安全，促进电子商务的快速发展。

（2）约束买卖双方的行为。第三方电子商务平台建立后，会根据实际情况制定规则，明确买卖双方的权利和义务，约束买卖双方的行为。如天猫规则中明确表示：天猫规则是对天猫用户增加基本义务或限制基本权利的条款。

小资料

淘宝“规则众议院”与“大众评审”*

淘宝在规则制定程序中的“规则众议院”制度，以及在纠纷处理程序中的“大众评

* 淘宝等网站的相关规则会不定期更改，请以最新规则为准，网上查阅可知。

审”机制，都是极具创新性的尝试。

淘宝的“规则众议院”吸纳各行业专家、学者、公检法人员、仲裁员、消费者等作为“议员”，可分别代表卖家及买家利益，对规则的制定和修改提出意见，以确保规则充分吸收各方看法，使规则更加公平公正。

“大众评审”机制是由资深买家和卖家组成“评审团”，在淘宝有关规则下，帮助平台判定买卖交易纠纷。自 2012 年 12 月上线以来，注册评审员人数超过 400 万人，累计总投票数超过 1 亿次。

小知识

第三方电子商务交易平台服务规范

电子商务服务业是以信息技术应用和经济发展需求为基础，对社会全局和可持续发展具有重要引领带动作用的新兴产业。中国电子商务正处在高速发展时期，加强电子商务标准化建设，对于促进经济增长方式的转变、推动经济社会又好又快发展具有重要意义。

为倡导诚信规范的经营服务理念，完善电子商务发展环境，促进电子商务健康发展，2011 年 4 月 12 日，商务部与北京市共同主办“诚信经营、规范服务——2011 第三方电子商务交易平台高峰论坛”，同时发布了《第三方电子商务交易平台服务规范》。该规范是根据国家相关法律法规，参照《互联网信息服务管理办法》（国务院令 2000 年第 292 号）、《关于网上交易的指导意见（暂行）》（商务部公告 2007 年第 19 号）和《网络商品交易及有关服务行为管理暂行办法》（国家工商行政管理总局令 2010 年第 49 号）的规定，并总结电子商务实际运作经验制定的。

此外，2018 年 8 月 31 日，第十三届全国人大常委会第五次会议表决通过了《中华人民共和国电子商务法》，于 2019 年 1 月 1 日起施行。

任务实施

本任务以淘宝网为例，要求熟悉淘宝规则，并掌握规避常见违规行为的方法。具体安排如图 4－10 所示。

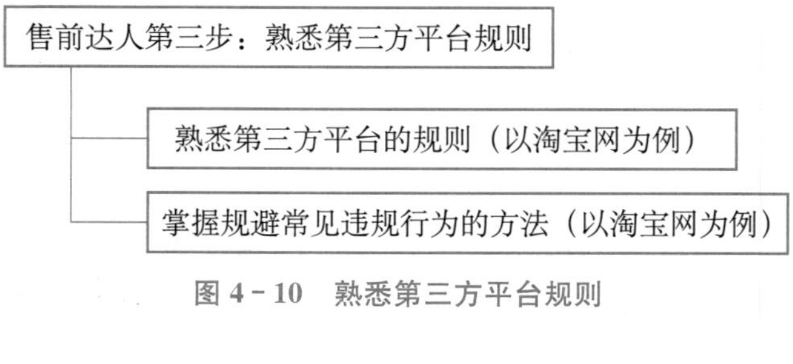

图 4－10　熟悉第三方平台规则

STEP1 熟悉第三方平台的规则（以淘宝网为例）*

1. 进入淘宝平台规则官网。

2. 熟悉“规则辞典”的内容。浏览“规则辞典”中“大淘宝宣言”和“淘宝总则”的内容，完成表 4－8 的填写。

表 4－8 淘宝“规则辞典”的内容

项目	简介
大淘宝宣言	
淘宝总则	

3. 进入“规则众议院”网页，查看“规则调整公开征集意见”公示内容，将感兴趣的意见征集标题及内容填写在表 4－9 中。

表 4－9 规则众议院“规则调整公开征集意见”公示内容

已公示文件标题	背景说明	审议内容

STEP2 掌握规避常见违规行为的方法（以淘宝网为例）

操作提示：（1）点击淘宝“规则辞典”—“违规处理”—“淘宝网市场管理与违规处理规范”，重点查看“第四章 违规行为类型及扣分”和“第六章 违规情形及处理”；（2）根据规范判断题目中的行为属于哪种违规行为，并设计可行的规避方法。

1. 违规行为：卖家参与“试用中心”的活动，但在买家报名成功后拒绝向买家发送或延迟发送已承诺提供的试用商品。

根据描述，请回答：

（1）案例中的违规行为属于：________________________________

* 本任务以淘宝规则为例进行介绍，因为淘宝网的规则会不定期变化，读者可以适时查询。要掌握其他第三方平台规则可进入相关网站学习。

（2）你认为案例中涉及的违规行为该如何规避？

____

____

____

2. 违规行为：卖家通过虚构或隐瞒交易事实、规避或恶意利用信用记录规则、干扰或妨碍信用记录秩序等不正当方式获取虚假的商品销量、店铺评分、信用积分、商品评论或成交金额等不当利益。

根据描述，请回答：

（1）案例中的违规行为属于：______________________________

（2）你认为案例中涉及的违规行为该如何规避？

____

____

____

3. 违规行为：卖家发布国家或淘宝平台禁止发布的商品或信息。

根据描述，请回答：

（1）案例中的违规行为属于：______________________________

（2）你认为案例中涉及的违规行为该如何规避？

____

____

____

4. 违规行为：卖家对商品全部材质或成分信息的描述与买家收到的商品完全不符。

根据描述，请回答：

（1）案例中的违规行为属于：______________________________

（2）你认为案例中涉及的违规行为该如何规避？

____

____

____

5. 违规行为：卖家出售假冒注册商标或盗版商品。

根据描述，请回答：

（1）案例中的违规行为属于：______________________________

（2）你认为案例中涉及的违规行为该如何规避？

____

____

____

任务小结

不同的平台有不同的规则对买卖双方的行为进行约束，网店客服在工作之前必须熟悉平台的规则，避免因违规带来损失。

任务四 掌握付款知识

情景导入

随着信息技术的不断进步，支付方式在发生着巨大的变化，无论是线上还是线下购物，网络支付都变得越来越普及。叮叮告诉娜娜：作为一名电子商务从业人员，不应只会使用网络进行支付，还应该更进一步了解不同支付方式的特点，以便在顾客提出问题时，能快速、准确地解答。于是，娜娜开始进行付款相关知识的学习。

任务目标

★ 了解网络支付的含义

★ 熟悉网店客服需具备的付款知识

★ 培养竞争意识、创新意识

素养园地

随着移动支付的快速发展，第三方支付已经深度融入人们生活的方方面面。

2018 年 3 月 21 日，中国人民银行官网宣布印发了《中国人民银行公告〔2018〕第 7 号》(以下简称《公告》)，放开外商投资支付机构准入限制，明确了准入规则和监管要求，同时欢迎和鼓励外资机构参与中国支付服务市场的发展与竞争。另外，中国人民银行还表示，将按程序受理外商投资支付机构的支付业务申请。

2019 年 12 月，PayPal 完成了对国付宝信息科技有限公司 70%股权收购，成为第一家获准在中国市场提供在线支付服务的外资公司。而今，通过对剩余股权的收购，PayPal 彻底拿下了国付宝，独资进入了中国市场。

1998 年成立的 PayPal，是全球使用最为广泛的第三方支付工具之一，覆盖全球 200 多个国家和地区，拥有超过 3.6 亿活跃支付账户，支持全球 100 多种货币交易。PayPal 进入中国，表明我国正在全面开放支付等金融服务业务，一个新的金融开放时代即将到来。全球巨头的加入，必将增强中国企业的求生欲、创造力和竞争意识，进而推动整个行业的持续发展。

评析：

党的二十大报告指出：我们实行更加积极主动的开放战略，构建面向全球的高标准自由贸易区网络，加快推进自由贸易试验区、海南自由贸易港建设，共建“一带一路”

成为深受欢迎的国际公共产品和国际合作平台。中国人民银行印发《公告》，说明国家已经下定决心要用开放竞争，促进中国金融业的发展，推动中国金融业竞争力上一个大台阶。有了国际竞争对手的参与，在支付业务方面，中国企业将创新、改变、焕发出新的生机，不断提升品牌竞争力。中国消费者也将享受更加丰富、高质量、多元化和差异化的服务。

知识热身

一、网络支付的含义

网络支付又称电子支付、网上支付，是指电子交易的当事人，包括消费者、厂商和金融机构，使用安全电子支付手段通过网络进行的货币支付或资金流转。

传统的支付方式是通过现金的流转、票据的转让及银行的汇兑等物理实体的流转来完成款项支付的；而网络支付是用先进的技术通过数字流转进行款项支付的。

业界对网络支付的理解有狭义和广义之分：狭义的网络支付仅包括通过第三方支付平台实现的支付；广义的网络支付包括直接使用网上银行进行的支付和通过第三方支付平台间接使用网上银行进行的支付。

本书中对网络支付的定义为：通过互联网实现的用户和商户、商户和商户之间在线货币支付、资金清算、查询统计等过程。

二、网络支付的方式

支付方式是指购物或消费，需要付款时，可选择的多种支付途径。网络支付的主要方式有网银支付和第三方支付。

1. 网银支付

网银支付是银联最为成熟的在线支付功能之一，也是很多网民在线支付的首选方式，是国内电子商务企业提供在线交易服务不可或缺的功能之一。网银支付要求银行卡事先开通网银支付功能，在支付时完全是在银行网银页面输入银行卡信息并验证支付密码。网银支付具有稳定易用、安全可靠等特点。

2. 第三方支付

扫一扫

第三方支付

第三方支付是指由具备一定实力和信誉保障的独立机构，通过与银联或网银对接而促成交易双方进行交易的网络支付模式。在通过第三方支付平台的交易中，买方选购商品后，使用第三方平台提供的账户进行货款支付，由第三方平台通知卖家货款到达、进行发货；买方检验商品后，就可以通知第三方平台付款给卖家，第三方平台再将款项转至卖家账户。国内常用的第三方支付平台有支付宝、财付通、银联在线、银联商务、京东支付、百度钱包、快钱、易宝支付、环迅支付等。第三方支付中支付宝通用性很强，基本是网络购物全覆盖。

小知识

传统的支付方式主要有钱货两讫（俗称“一手交钱一手交货”，可以用现金，也可以用银行卡等支付）、货到付款和款到发货三种。

三、电子商务网站付款知识

付款是购物中必有的一环，客服要熟记付款方面的知识，确保在遇到客户提问时从容应对。下面以淘宝网为例，对淘宝网的主要付款方式进行介绍。

淘宝网付款方式主要分为四种：官方平台付款、银行卡付款、他人付款、货到付款，如图 4－11 所示。

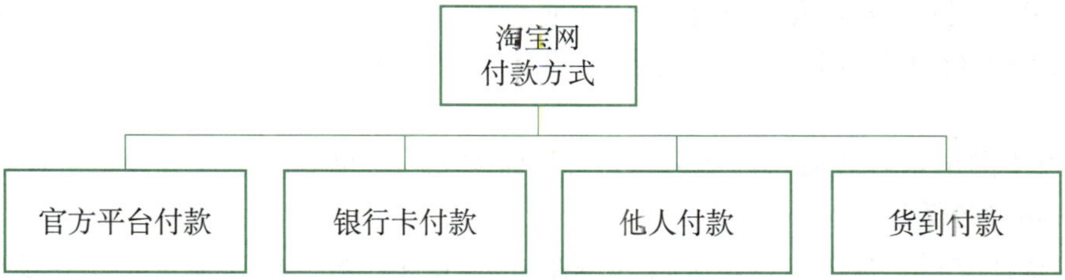

图 4－11　淘宝网付款方式

1. 官方平台付款

官方平台付款方式主要有三种：支付宝、余额宝和花呗。

（1）支付宝。支付宝（中国）网络技术有限公司是国内领先的独立第三方支付平台，是阿里巴巴集团的关联公司。支付宝致力于为中国电子商务提供“简单、安全、快速”的在线支付解决方案。

用户可以通过对支付宝充值，然后使用支付宝余额进行付款。支付宝账户内的资金被称为余额。充值到余额、支付时使用余额以及余额转出都是当前最常见的服务。银行卡中的资金可以通过网银和快捷支付进入支付宝账户。使用余额支付时基本没有额度限制，用户可以先多次充值再付款。

支付宝余额还可随时提现，用户可以将余额提现至自己绑定的银行卡。

（2）余额宝。余额宝是支付宝推出的余额增值服务，实际上是由天弘基金提供的名为“增利宝”的货币基金，把钱转入余额宝中就可获得一定收益。转入余额宝的资金不仅可以获得收益，还能随时消费支付，非常灵活便捷，让用户赚钱花钱两不误。

余额宝转入支持支付宝账户余额支付和储蓄卡快捷支付（含卡通）。

余额宝的优势在于额度较大、支付成功率非常高，而且资金在余额宝还能获得理财收益，故余额宝的使用用户数量在逐步升高。

（3）花呗。花呗是由蚂蚁金服提供给消费者“当月消费、下月还款”的服务，是第三方平台的一种信用支付方式，可以理解为虚拟的信用卡。花呗具有以下特点：

1）当月消费，下月再还款。

2）免费使用消费额度购物。消费额度是指由蚂蚁微贷经过综合评估后，给予用户在指定店铺享受先消费、后付款服务的额度。要注意的是：如果使用花呗分期购，买家需按商家设定的费率，承担指定费用。

3）还款方便，可使用支付宝账户余额、账户中绑定的储蓄卡及余额宝余额还款。

2. 银行卡付款

银行卡付款也可以分为两类：网银付款和快捷支付。

（1）网银付款。网银是指银行面向所有用户和场景提供的网上银行综合服务，包括支付和转账等服务。在支付宝环境下，主要指用户通过网银充值到支付宝余额以及支付时跳转到网上银行扣款。

使用网银支付时，浏览器会跳转到开户银行网银页面，按银行要求填写信息进行支付。

使用网银支付具有以下缺点：

1）一些银行并未开通网银服务，开通手机版网银的银行也数量有限，而且还需用户到银行柜台办理开通业务，支付流程又比较烦琐，要使用移动支付时网银并不方便。

2）由于网银是公共接口，使用时会有页面跳转，有可能出现网银钓鱼案件，同时支付成功率相对较低。

（2）快捷支付。快捷支付是银行为网络支付量身定做的网银服务，主推支付功能，由银行与支付宝直连，保障了支付的安全性和便捷性，其支付成功率高。

用户可以通过在银行留下的联系方式、银行卡卡号、手机校验码等信息快速开通快捷支付服务，其便捷性更强，支付宝与保险公司保障用户资金安全。

快捷支付的缺点主要是部分银行出于多种目的的考虑，限制了单日单次的支付额度，使得大额支付不甚便利。

小提示

使用信用卡进行网银支付或快捷支付时若出现手续费，均是由信用卡对应的银行收取，而非商家收取。

3. 他人付款

他人付款是在提交订单的时候，选择朋友代付，输入朋友的支付宝账号或手机号码即可向朋友发送代付申请，如图 4-12 所示。

4. 货到付款

货到付款即是指配送人员把商品送到顾客手上以后，顾客检查过商品没有任何问题后再把货款交给配送人员的交易方式。货到付款的业务流程一般为：加购→下单→发货→派送→签收付款→结算→评价。

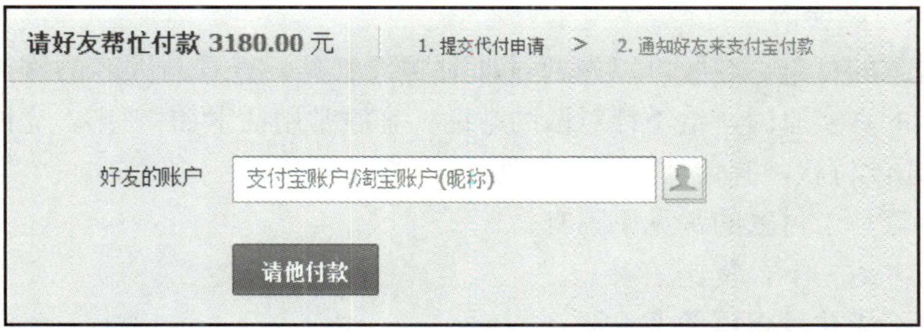

图 4-12 他人代付页面

此外，货到付款通常会另收服务费，服务费一般是货款的 1%，10 元起步，上不封顶。如果是商家包邮，则服务费由商家承担。

小提示

网络支付被骗的应对

网络支付安全重在防范，一旦发现被骗，要在第一时间联系支付服务提供商，采取相应的应急措施。

1. 已经在钓鱼网站输入了密码怎么办?

（1）如果您还能登录您的账户，请立刻修改您的支付密码和登录密码。同时，进入交易管理查看是否有可疑交易。如果有，请立刻致电银行或者支付机构的客服电话。

（2）如果您输入了银行卡信息，请立刻致电银行申请临时冻结账户或电话挂失（此时您的银行账户只能入账不能出账）。

（3）如果您已经不能登录，请立刻致电银行或者支付机构的客服电话，申请对您的账户进行暂时监管。

使用最新版的杀毒软件对电脑进行全面扫描，确保钓鱼网站没有“挂木马”。如果发现有，请在确认电脑安全后再次修改登录密码与支付密码。

2. 发现账户资金被盗怎么办?

（1）要在第一时间修改账户密码，同时转出余额资金。

（2）进入交易管理，查找可疑交易，保留非授权的资金交易记录。

（3）如果被盗的是银行卡账户的话，请立刻致电银行申请临时冻结账户或电话挂失（此时您的银行账户只能入账不能出账）。

（4）及时向警方报案，保存相关证据。

四、未付款订单处理

电子商务交易中，顾客下单后，卖方后台交易状态显示“未付款”和“已付款”。售前客服需要对未付款订单进行处理，主要是了解顾客未付款的原因和引导顾客付款。

1. 了解未付款原因

对于未付款的订单，客服可以先通过即时聊天工具，查看与顾客的聊天记录，以了解顾客未付款的真实原因，给予针对性的帮助。客服常用话术如："亲，您刚拍下的宝贝（附带链接）还没付款，有什么我可以帮您的吗？"

顾客拍下订单未付款的常见原因有：

（1）还想考虑一下，货比三家。

（2）议价不成功，想再考虑一下。

（3）拍错订单，顾客提交订单后发现拍错、多拍或少拍，或留错收货地址等。

（4）支付问题，主要有支付工具问题，如 U 盾、数字证书等，或银行卡里余额不足、忘记密码、系统问题无法支付等。

（5）其他问题，如买卖双方协商给予价格优惠或给予包邮，需要等待客服修改价格或运费等。

小提示

如果是因为系统问题无法付款，说明顾客是真心想买的，只是系统问题给他造成麻烦，客服只需指导顾客，协助其处理好这个问题即可；如果遇到新手买家，客服要耐心指导付款操作，发送图解教程让顾客更加容易上手。

如果顾客说信息错误，可征求顾客意见关闭拍错的订单，建议顾客重拍，客服要做好备注，如：顾客信息错误，重拍订单。备注表明对订单进行了认真处理，其他客服或主管看到订单关闭提醒，查看备注一目了然。

2. 引导顾客付款

引导顾客付款即常说的催付，是指对于未付款的订单，客服要查看与顾客的聊天记录，了解其购买信息，然后询问未付款的原因，提供帮助，引导顾客尽快付款。

（1）催付形式。催付一般分为即时聊天工具催付、短信催付和电话催付。最常用的催付方式是利用即时聊天工具进行催付，如图 4－13 所示。客服在了解顾客未付款的原因后，可以针对性地给予顾客帮助，尽早促成交易。电话催付要注意催付时间，一般最佳时间是 11 点到 12 点、16 点到 17 点，如果打扰到顾客要主动道歉并且委婉收线。

（2）催付话术。客服要根据不同的情况设计不同的催付用语，可巧妙借用活动时间紧迫感来催付，比如限量版、仅限今天付款有效，或者现在付款当天可以发货等。

对于未咨询拍下未付款订单，催付话术可设计为：

1）亲，感谢您的支持，看到您刚下的订单，麻烦亲核对一下收件信息，没有问题的话，直接付款即可哦！如有其他疑问您可以随时联系我，我是客服××，感谢您的惠顾！

2）亲，您好！我是客服××，您拍下的宝贝还没付款哦，有什么可以帮助您的吗？下午四点前付款的订单我们当天安排发货哦！

图 4－13 催付

对于咨询后拍下未付款订单，催付话术可设计为：

1）亲，邮费已经为您修改好了，您可以在您方便的时候付一下款。付款后，本店将在 24 小时之内为您发货，希望亲早日收到产品！

2）亲，您拍下的宝贝我们一直为您留着，为了保证顺利发货，麻烦亲付款一下哦！

（3）注意事项。

1）催付后一定要做备注，避免反复催付引起顾客的不满。

2）客服要注意不能过度催付，表达也不能太过生硬。

3）如果顾客说不想要了，也要礼貌告别，说些客气话，给顾客留个好印象，如：没关系，如果亲以后有什么需要，还可以联系我哦！

小提示

在催付的过程中，顾客可能会提出“修改价格”的请求。若买卖双方达成一致，买方提交订单后，卖方客服可在权限范围内对价格进行修改。

淘宝网在交易状态为“等待买家付款”时，卖家可以登录到“卖家中心—已卖出的宝贝—等待买家付款”中，找到对应的订单，点击“修改价格”，然后在“涨价或折扣”栏中直接填写相关的折扣或优惠的金额（负数代表优惠折扣），同时也可以在“邮费”栏中直接添加需要修改的邮费金额，填写完成后点击“确定”即可。如果卖家包邮，也可以直接点击“免运费”，即邮费金额为 0 元，如图 4－14 所示。卖家提交修改价格操作无次数限制。

需要注意的是，天猫商城等网店价格是固定的，不允许客服进行价格修改，但可以修改邮费。

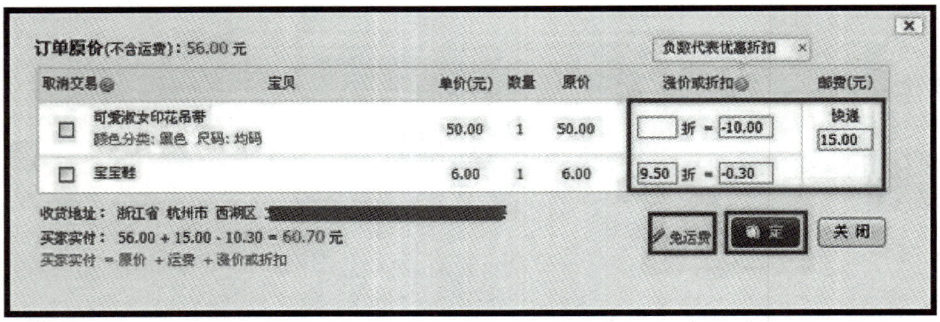

图 4－14 淘宝卖家修改订单价格页面

任务实施

本任务要求熟悉开通网银支付的流程，熟知第三方支付交易的流程及优点，学会对不同支付方式的特点进行分析，学会处理未付款订单。具体安排如图 4－15 所示。

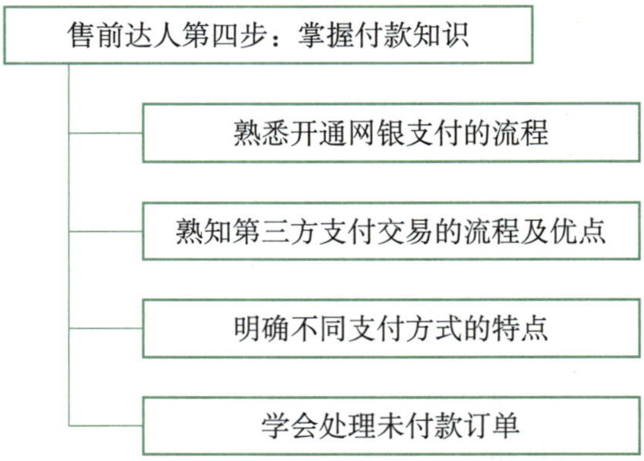

图 4－15 掌握付款知识

STEP1 熟悉开通网银支付的流程

利用网络收集信息，完成表 4－10 的填写。

表 4－10 开通网银的方式、流程与注意事项

开通网银的方式	流程	注意事项
银行网点办理		
登录银行网站办理		

STEP2 熟知第三方支付交易的流程及优点

根据已掌握的第三方支付的知识，按照提示，完成表 4－11 的填写。

表 4-11 第三方支付交易的流程及优点

步骤	第三方支付交易的流程	优点
1	买方提交订单，打款至（ ）	
2	第三方支付平台通知（ ）	
3	卖方收到通知后（ ）	
4	买方收到货物后（ ）	
5	第三方支付平台（ ）	

STEP3 明确不同支付方式的特点

根据已掌握的付款知识，或利用网络收集相关信息，完成表 4-12 的填写。

表 4-12 不同支付方式的特点

付款方式	详细介绍	特点
网银付款		
支付宝		
余额宝		
花呗		
快捷支付		
他人付款		
货到付款		

STEP4 学会处理未付款订单

客服收到顾客未付款原因的回复要认真分析，针对不同的原因采用不同的对策与话术。请对表 4-13 中列出的常见未付款原因进行分析，并给出相应的对策或设计出适合的沟通话术。

表 4－13　顾客未付款原因分析表

常见未付款原因	原因分析	对策或话术
还想考虑一下		
议价不成功		
少拍一件		
地址填写错误		
支付宝没钱了		
忘记支付密码		
等待卖家给予价格优惠或修改邮费		

任务小结

支付是电子商务交易中的重要环节，随着电子支付行业的快速发展，支付方式越来越多，支付安全必须受到重视。电子商务客服要了解不同支付方式的特点及注意事项，在顾客提出问题时给予专业的解答。

任务五　学习物流知识

情景导入

娜娜在学习了一些售前知识后，想到顾客在完成网络付款操作后，产品要发送到顾客手中，卖家需要自行配送或联系第三方物流公司进行配送，于是想自主学习有关物流的知识。

任务目标

★ 了解物流、电子商务物流的含义
★ 熟悉物流配送模式和物流运作方式
★ 培养社会责任感，厚植爱国情怀

素养园地

暴雨中的中国力量

2021 年 7 月，持续性的极端强降雨让河南地区人民遭受重大损失。这一意外灾情牵动着全国人民的心，来自全国各地络绎不绝的救灾支援，彰显着大灾面前众志成城的民族凝聚力。

7月21日，中国邮政郑重承诺“三保、两开、一免”，“三保”即保运输畅通、保配送到位、保寄递安全，“两开”即开放营业场所、开通理赔通道，“一免”即捐款转账免费办理。同日，顺丰公益基金会宣布将捐赠2 000万元，用于河南当地受灾群众人身安全、紧急救灾物资采购与运输，以及灾后困难群众生活救助。

7月22日，中通快递集团向郑州市红十字会捐款2 000万元，用于保障受灾人民群众人身财产安全，采购救灾物资和支援灾后重建工作。同日，极兔速递宣布捐款2 000万元，联合河南当地的救援机构和慈善组织，用于保障河南地区人民群众的人身、财产安全，采购救灾物资以及支援灾后重建工作。

评析：

一方有难，八方支援。在河南多地区处于抗洪抢险的紧要关头，各物流企业纷纷伸出援手，捐款捐物，利用自身运力资源将救灾抢险物资更快、更安全地送到灾区，携手社会各界共同助力河南早日渡过难关。众多物流企业的加入，彰显了企业的社会责任。

知识热身

一、物流概述

1. 物流的含义

物流的概念最早是在美国形成的，起源于20世纪30年代，原意为“实物分配”或“货物配送”。1963年被引入日本，日文意思是“物的流通”。20世纪70年代后，日本的“物流”一词逐渐取代了“物的流通”。我国是在20世纪80年代才接触“物流”这个概念的，是从日文资料引进来的外来词，源于日文资料中对“Logistics”一词的翻译，即“物流”。

《物流术语》国家标准将物流定义为：物品从供应地向接收地的实体流动过程。根据实际需要，将运输、储存、装卸、搬运、包装、流通加工、配送、信息处理等基本功能实施有机结合。

2. 电子商务物流的含义

电子商务物流又称网上物流，是基于互联网技术，旨在创造性地推动物流行业发展的新商业模式。通过互联网，物流公司能够被更大范围内的货主客户主动找到，在全国乃至世界范围内拓展业务；贸易公司和工厂能够更加快捷地找到性价比最合适的物流公司；可以把世界范围内最大数量的有物流需求的货主企业和提供物流服务的物流公司都吸引到一起，提供中立、诚信、自由的网上物流交易市场，帮助物流供需双方高效达成交易。目前已经有越来越多的客户通过电子商务物流交易市场找到了客户，找到了合作伙伴，找到了海外代理。

电子商务时代的来临，给全球物流带来了新的发展，使物流具备了一系列新特点，如信息化、自动化、网络化、智能化、柔性化以及绿色物流。

二、物流配送模式

扫一扫

物流配送模式

物流配送模式是指构成配送活动的诸要素的组合形态以及其运动的标准形式，它是根据经济发展需要及配送对象的性质、特点、工艺流程而相对固定的配送规律。

中国企业的物流配送模式按照组织方式主要有自营型配送、第三方配送、共同配送三种。

1. 自营型配送

自营型配送是指企业物流配送的各个环节由企业自身筹建并组织管理，实现对企业内部及外部货物的配送。自营型配送是当前生产流通或综合性企业（集团）所广泛采用的一种配送模式。一般而言，采取自营型配送的企业大都是规模较大的集团公司。自营型配送在满足企业（集团）内部生产材料供应、产品外销、零售场店供货和区域外市场拓展等企业自身需求方面发挥了重要作用。但是，自营型配送糅合了传统的“自给自足”形式，形成了新型的“大而全”“小而全”的配送模式，从而造成了社会资源的浪费。当前，自营型配送模式中具有代表性的是连锁企业的配送。

2. 第三方配送

第三方配送是指由商品供方、需方之外的第三方去完成物流服务的物流运作方式。第三方就是交易双方的部分或全部物流功能的外部服务提供者，是物流专业化的一种形式。企业不拥有自己的任何物流实体，将商品采购、储存和配送都交由第三方完成。

3. 共同配送

共同配送也称共享第三方物流服务，指多个客户联合起来共同由一个第三方物流服务公司来提供配送服务。它的本质是通过作业活动的规模化降低作业成本，提高物流资源的利用效率。共同配送使企业可以采取多种方式，进行横向联合、集约协调、求同存异以及效益共享。

三、物流运作方式

目前主要的物流运作方式有邮寄、快递、货运和国际邮包，如图 4－16 所示。

邮寄：邮寄分为平邮（国内普通包裹）、快邮（国内快递包裹）和 EMS（邮政特快专递）等。

快递：快递可分为航空快递包裹和陆运快递包裹。

货运：货运分汽运和铁路运输等。

国际邮包：包括空运、陆运、水运等。

电子商务客服应该了解不同物流运作方式的速度、价格等信息，并学会处理不同物

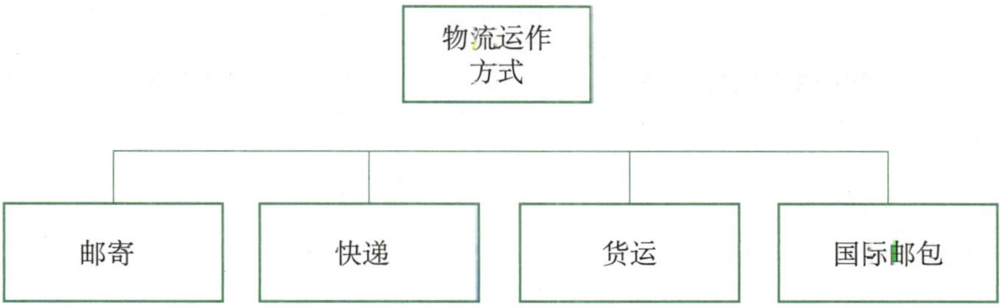

图 4－16　物流运作方式

流运作方式下的包裹撤回、地址更改、状态查询、保价、问题件退回、代收货款、索赔等。

小知识

快递爆仓

快递爆仓是指快递公司突然间收到太多快件，来不及分拣，甚至没办法再收件，大量快件滞留在始发站或者中转站，到达目的地的时间相对比较长。2012 年 11 月 11 日因天猫商城、淘宝等几大电商的大规模促销而变成了购物狂欢节，消费者大量提交订单，购物狂欢节过后便是物流高峰，直到“双十一”之后的一个星期，不少物流仓库仍然货物积存，快递变“慢递”，消费者投诉量激增。快递爆仓的主要原因是电子商务迅速发展，但物流产业的人力、基础设施等投入都赶不上电子商务发展速度而出现的部分供需失衡的现象。

任务实施

本任务以京东物流服务为例，要求熟悉京东物流服务内容，并利用网络搜索了解我国物流企业信息。具体安排如图 4－17 所示。

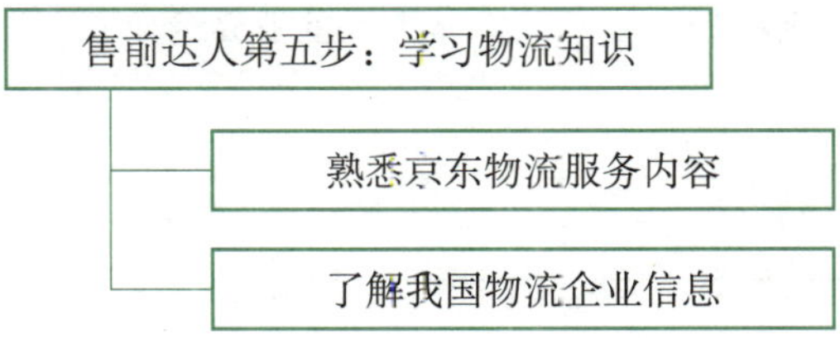

图 4－17　学习物流知识

STEP1　熟悉京东物流服务内容

1. 了解京东物流服务的主要内容。

进入京东物流网站，浏览网页内容，完成表 4－14 的填写。

表 4-14 京东物流服务的内容

编号	物流服务的主要内容	具体介绍
1		
2		
3		
4		

2. 熟悉京东“服务支持”内容。

进入京东物流网站，将鼠标移至“服务支持”，查看相关内容，完成表 4-15 的填写。

表 4-15 京东“服务支持”内容

编号	内容	简要介绍
1		
2		
3		

STEP2 了解我国物流企业信息

1. 查找我国 2024 年物流企业排行榜，完成表 4-16 的填写，并记录信息来源和信息发布时间。

表 4-16 2024 年我国物流企业排行榜

排名	企业名称	企业介绍	主要业务
第一名			
第二名			
第三名			
第四名			
第五名			

信息来源：______________________________

信息发布时间：______________________________

2. 查找我国 2024 年快递企业排行榜，完成表 4-17 的填写，并记录信息来源和信息发布时间。

表 4－17 2024 年我国快递企业排行榜

排名	企业名称	企业介绍	主要业务
第一名			
第二名			
第三名			
第四名			
第五名			

信息来源：________________

信息发布时间：________________

3. 查找我国快递公司收费标准、运送时效和赔付标准等信息，完成表 4－18 的填写。

表 4－18 我国快递公司服务信息表

企业名称	收费标准	运送时效	赔付标准
顺丰			
中通			
EMS			

任务小结

物流是电子商务交易中的重要环节，售前客服对物流配送费用、发货时间、合作物流公司的特点等要有一定的了解，以便在客户提出问题时给予专业解答。

任务六 学会使用沟通管理工具

情景导入

娜娜在掌握了一定的售前知识后，叮叮让她学习下载、安装和使用千牛。千牛是淘宝、天猫客服必须熟练使用的即时聊天工具。其他平台的即时聊天工具使用方法大体与此类似。

任务目标

★ 熟练掌握即时聊天工具的安装和使用

★ 能借助一定的沟通工具完成咨询洽谈工作

★ 提升自主学习、适应新时代电子科技更新迭代的能力，培养专注的工匠精神

素养园地

工欲善其事，必先利其器

张三和李四都要上山砍柴，但他们的斧头都有点钝了，张三没有理会，拿着斧头就上山了，因为他的斧头不锋利，砍的都是比较细的树枝。

李四拿来磨刀石，用劲地把斧头先磨好，虽然他比张三慢了起步，但是他的准备工夫做到家了，砍柴砍得很快。

到傍晚时，张三只背了小小的一捆柴下山，但是李四背着一大捆柴下山。

由此可见，准备工作做到位了，可以事半功倍。做任何事情都要先打好基础，需要有足够的能力，才可以做好。

评析：

“工欲善其事，必先利其器”出自孔子的《论语》，意思是工匠想做好他的工作，一定要先让工具锋利，比喻要做好一件事，准备工作非常重要。电子商务客服在工作前熟练掌握即时聊天工具的使用方法和技巧，就好比工匠在做工前打磨好工具，在接待客户时才能得心应手，为客户提供及时、高效的服务，达到事半功倍的效果。

知识热身

扫一扫

即时通信

一、即时通信的含义

即时通信（Instant Messaging）是一种终端服务，是指能够即时发送和接收互联网消息的业务。即时通信利用互联网，通过文字、语音、视频、文件的信息交流与互动，有效减少了沟通双方的时间与经济成本。

即时通信不仅允许两人或多人通过网络即时地传递文字、图片信息或进行语音与视频交流沟通，还可以将网站信息与聊天用户直接联系在一起，如通过网站向聊天用户群发信息，吸引聊天用户群对网站的关注。

即时通信是目前网上较为流行的通信方式，各种各样的即时通信软件层出不穷，服务提供商也提供了越来越丰富的通信服务功能。

小资料

1996 年，三个以色列人维斯格、瓦迪和高德芬格聚在一起，决定开发一种使人与人在互联网上能够快速直接交流的软件。他们为新软件取名 ICQ，即“I SEEK YOU（我找你）”的意思。ICQ 支持在互联网上聊天、发送消息、传递文件等功能。他们成立了 Mirabilis 公司，向注册用户提供互联网即时通信（Instant Messenger，IM）服务。ICQ 的使用用户数量快速增长，6 个月后 ICQ 宣布成为当时世界上用户数量最多的即时通信软件。在第 7 个月的时候，ICQ 的正式用户达到 100 万。1998 年，ICQ 被美国在线（AOL）以 4.07 亿美元收购，此时其用户数超过 1 000 万。

ICQ一经上市，迅速取得了广阔的市场，由于前景一片光明，同类软件迅速跟进。因为其本身的技术并不复杂，所以很快几乎每一个国家都推出本土的IM软件，抢夺市场。

以国内的腾讯QQ软件为例：腾讯QQ脱胎于腾讯OICQ，而OICQ就是国内最早出现的即时通信软件之一，软件最初的设计仿照ICQ。

中国互联网络信息中心（CNNIC）发布的报告指出，当前社交应用市场主要包括即时通信工具、综合社交应用和垂直细分社交应用，其中即时通信工具以微信、QQ为代表，主要满足用户交流互动的社交需求。

二、即时通信工具的分类

1. 个人即时通信

个人即时通信以个人用户使用为主，具有开放式的会员资料，非营利目的，有方便聊天、交友、娱乐等特点，如QQ、微信、陌陌、移动飞信等。个人即时通信以软件为主、以网站为辅，以免费使用为主、以增值收费为辅。

2. 商务即时通信

商务即时通信主要是为了方便中小企业、个人实现买卖和跨地域工作交流，以低成本实现商务交流或工作交流，如千牛等。

3. 企业即时通信

企业即时通信面向企业终端使用者，使用者可以通过安装即时通信的终端设备进行两人或多人之间的实时沟通，如钉钉、中油即时通信等。

4. 行业即时通信

行业即时通信主要局限于某些行业或领域，使用的即时通信软件往往不被大众所知，如建材网或类似网站推出的即时通信软件。行业即时通信软件一般需要购买或定制，使用单位通常不具备开发能力。

5. 网页即时通信

网页即时通信指在社区、论坛和普通网页中加入即时聊天功能，用户进入网站后可以通过聊天窗口跟同时访问网站的用户进行即时交流，从而提高了网站用户的活跃度、访问时间和用户黏度。把即时通信功能整合到网站上是未来的发展趋势，这是一个新兴的产业，已逐渐引起各方关注，如由广州新岸数码科技有限公司开发的“Xtalk”是目前国内较为专业的网页即时通信服务，它致力于提供标准化及定制化的即时通信解决方案，向社区网站、普通网站、客户端软件提供免费、稳定、灵活的聊天服务。

6. 泛即时通信

一些软件带有即时通信软件的基本功能，但以其他功能为主，如视频会议。泛即时通信软件的出现对专业即时通信软件来说是一大竞争与挑战。

知识拓展

越来越多的中小网店开始关注信息化管理，市场上已经有很多针对网店在日常经营管理方面非常实用的网店管理软件，如网店管家、管家婆等。

网店管理软件是指管理软件提供商针对网店经营者提供的一种进销存软件、平台辅助软件、销售支持软件以及其他面向用户习惯和用户需求的支持软件。

网店管家是一款面向B2C企业、C2C团队卖家的企业级电子商务C/S（客户机/服务器）架构ERP（Enterprise Resource Planning，企业资源计划）软件，是业内应用广泛的电子商务后台系统。其以订单处理为主线，以进销存为核心，涵盖了订单处理、CRM（客户关系管理）、WMS（仓库管理系统）、SCM（供应链管理）、OA（办公自动化）、售后服务等业务模块。系统采用三层架构，无缝接入淘宝、拍拍等主流电子商务平台，日处理能力10万单以上。

任务实施

借助不同的平台开网店，需要下载安装平台即时聊天工具软件，客服必须熟练掌握该工具的使用技巧。如做天猫客服，就必须熟练掌握千牛工作平台的使用方法和技巧。本任务以阿里旺旺卖家版“千牛”为例，学习掌握千牛的下载、安装和使用方法及技巧。具体安排如图4-18所示。

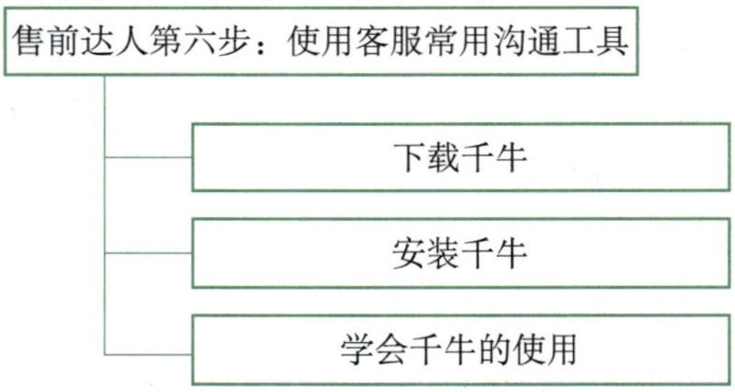

图4-18　使用客服常用沟通工具

小资料

阿里旺旺卖家版“千牛”由阿里巴巴集团官方出品，淘宝卖家、天猫商家均可使用。其包含卖家工作台、消息中心、阿里旺旺、量子恒道、订单管理、商品管理等主要功能，目前有电脑版和手机版两个版本。千牛电脑版是在卖家版旺旺的基础上升级而来，其核心是为卖家整合店铺管理工具、经营咨询信息、商业伙伴关系，借此提升卖家的经营效率。

STEP1　下载千牛

1. 进入千牛官网。

打开浏览器，输入网址（https://qn.taobao.com），进入千牛官网，如图4-19所示。

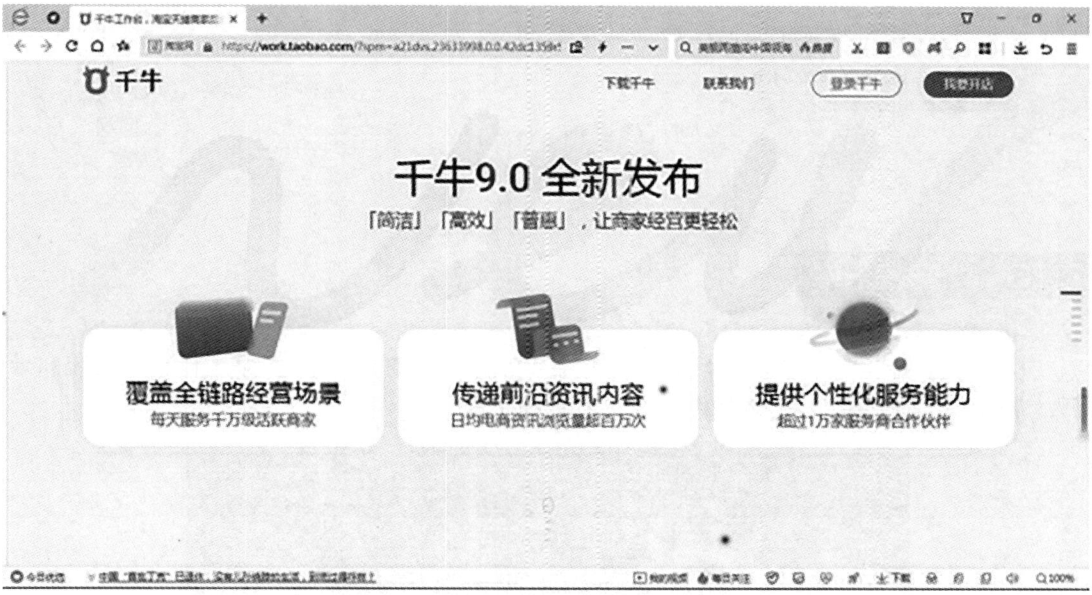

图 4-19　千牛官网首页

2. 下载千牛。

点击“下载千牛”，出现如图 4-20 所示的千牛下载页面。如果电脑是 Windows 系统就选 Windows 版，是 Mac 系统就选 Mac 版。

图 4-20　千牛下载页面

本操作选择 Windows 版下载安装，点击“Windows”，在弹出的新建下载任务窗口选择下载路径，单击“下载”。

3. 完成下载。

下载完成后，出现如图 4-21 所示的页面，单击“打开”。

图 4-21　千牛下载完成提示

STEP2　安装千牛

1. 打开“千牛”安装包后，会弹出如图 4-22 所示的“千牛-卖家工作台”安装向导页，单击“立即安装”，出现如图 4-23 所示的页面。

图 4-22　千牛-卖家工作台安装向导（1）

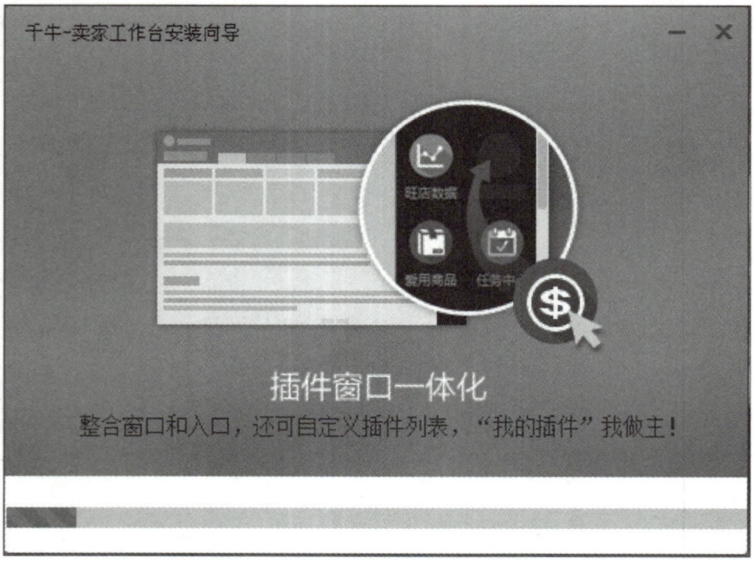

图 4-23　千牛-卖家工作台安装向导（2）

2. 扫描安装完成后，出现如图 4 - 24 所示的页面，完成千牛的安装工作。

图 4 - 24　千牛安装完成提示

STEP3　学会千牛的使用

1. 千牛的登录。

点击图 4 - 24 中“立即使用”，出现如图 4 - 25 所示的登录界面。

图 4 - 25　千牛登录界面

在文本框中输入会员名和密码，如图 4－26 所示。单击“登录”后，出现如图 4－27 所示页面。提示：千牛账号即淘宝账号，如果没有淘宝账号，可进官方网站进行注册，此处用已有账号直接登录。

图 4－26　千牛账号、密码登录

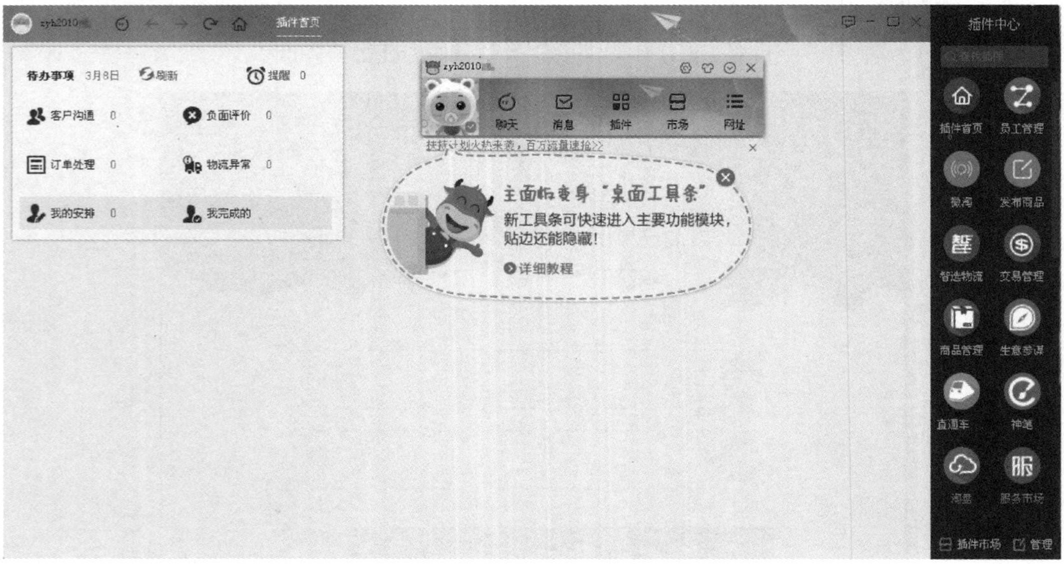

图 4－27　千牛主界面

2. 千牛的使用。

分别单击千牛卖家平台上的按钮，了解千牛平台的基本功能和使用方法，完成表 4－19 和表 4－20 的填写。

表 4-19 千牛平台功能介绍

功能	介绍
聊天	
消息	
插件	

表 4-20 千牛平台的使用

项目		具体操作
系统设置		
快捷键设置		
安全设置		
客服设置	接待中心设置	
	自动回复设置	

任务小结

与传统销售相比，电子商务最大的特点是买卖双方不见面，是借助一定的沟通工具完成咨询洽谈的。各网店通常是利用即时通信工具与客户进行交流，不同电子商务平台使用不同的聊天软件，客服在开展工作前，一定要先熟练掌握平台使用的即时通信工具使用技巧。

综合练习

一、判断题

1. 客户问好时，客服要做到礼貌热情，及时答复。(　　)

2. 网店客服需要掌握的产品知识主要包括产品专业知识、产品周边知识及同类产品知识。(　　)

3. 天猫、海尔商城、京东等平台均属于第三方平台。(　　)

4. 网上支付是指电子交易的当事人，使用安全电子支付手段通过网络进行的货币支付或资金流转。(　　)

5. QQ、BBS、微信、电子邮件都是常用的即时聊天工具软件。(　　)

二、选择题

1. (　　)是指提出一个特别的优惠条件，比如赠送店铺优惠券、再送一份小赠品等。

A. 利益总结法　　B. 前提条件法　　C. 询问法　　D. “yes sir”法

2. 规则主要具有普遍性、制约性和(　　)三大特点。

A. 衍生性　　B. 多变性　　C. 时效性　　D. 可变性

3. 最常用的催付方式是（　　）。
A. 短信催付　　B. 邮件催付　　C. 电话催付　　D. 即时聊天工具催付
4. 以支付宝为例，第三方支付流程为（　　）。
A. 选购商品—付款到支付宝—买家收货确认—支付宝付款给卖家—交易完成
B. 选购商品—付款到银行—银行转账给支付宝—交易完成
C. 选购商品—付款到支付宝—支付宝付款给卖家—交易完成
D. 选购商品—付款到支付宝—买家收货确认—支付宝付款给银行—交易完成
5. 下列表述错误的是（　　）。
A. 催付后一定要做备注，避免反复催付引起客户不满
B. 客服要注意不能过度催付，表达也不能太过生硬
C. 如果客户说不想要了，也要礼貌告别，说些客气话，给客户留个好印象
D. 客服在催付后无须备注，看见未付款的订单都可以进行催付

三、操作题

1. 请根据所学内容，完成接待流程填写和售前客服接待话术设计。

接待流程	顾客话语	客服话术 1	客服话术 2
进店问好	你好！		
接待咨询	裙子有紫色的吗？	“有”的情况：	“没有”的情况：
推荐产品	有合适搭配的裤子吗？		
处理异议	拍两件便宜点可以吗？		
促成交易	那我就去拍了。		

2. 进入淘宝网，输入关键词“洗漱包”，查看相关信息，完成下表的填写。

排名	店铺名称	店铺动态评分	宝贝标题	产品卖点
综合排名第一				
人气排名第一				
信用排名第一				
销量排名第一				

项目五

售中客户服务

学习目标

● 知识目标

1. 了解网店售中服务的主要内容；
2. 掌握有效订单的处理方法和技巧；
3. 熟悉确认发货的流程及具体操作。

● 能力目标

1. 会对有效订单进行正确的处理；
2. 会填写、打印快递单。

● 素养目标

1. 培养严谨细致、精益求精的工作态度，增强职业认同感、责任感，厚植爱国情怀；
2. 提升适应新时代电子科技更新迭代的能力，培养专注的工匠精神；
3. 培养网络安全意识和遵纪守法的职业素养。

叮叮说案例

馨雨职校毕业后在淘宝开了一家女包店，在店铺刚起步阶段，由于订单量较少，咨询接待、发货、评价等馨雨都能轻松应对，对于顾客的各种要求她都尽可能满足，为店铺赢得了好的口碑，也有了很多回头客。

在2021年母亲节前一周，有很多顾客在她的店里买包送给妈妈，有超过一半的顾客要求她亲手代写贺卡。

由于订单量大，发货量大，她几乎忙不过来，馨雨想直接打印贺卡，但当她看到顾客留言要代写的内容时，差点感动哭了。留言内容有：

亲爱的妈妈，今天是您的节日，祝您节日快乐，越来越年轻、美丽，我永远爱您！

亲爱的妈妈，过节了不能回去看您，买个包包给您，您年龄大了，出门的时候带好东西，永远爱您！

亲爱的妈妈，祝您节日快乐，您不用担心我，我不减肥了，现在吃得胖胖的哦，想您！

亲爱的妈妈，母亲节快乐！感谢你20多年的养育之恩，帮您买个包包，希望妈妈永远年轻、漂亮！

…………

那些天，馨雨收获了各种感动和温馨，她手写了很多贺卡，又根据收礼物人的身份，精心准备了不同的小礼物，比如：手工刺绣香包、竹炭纤维小毛巾、折叠购物袋等。礼物不贵，但都是馨雨精心挑选的。顾客确认收货后写了成段成段的评价，给了5分好评，很多顾客又再来购买。

每当看到顾客的称赞，馨雨都会很开心，回想之前忙碌的过程，她觉得这一切都是值得的！

点燃思考

娜娜："叮叮主管，对于顾客提出的各种要求，我们都要去满足吗？这无形之中会增加客服很多工作量啊！"

叮叮："认真、用心服务顾客是每一位客服必备的素质，客服应有足够的耐心。顾客偶尔会提出一些额外的甚至是苛刻的要求，我们应该在不失原则的情况下，尽可能满足。"

任务一　初识网店售中服务

情景导入

娜娜认为售中服务就是客服人员在销售过程中对顾客提供的服务，既然顾客已经提交了订单，那么售中服务就应该结束了，于是她带着疑问找到叮叮。叮叮告诉娜娜，网店售中服务不同于传统售中服务，并给她简单介绍了网店客服售中服务的具体工作，然后让她先了解一下网店售中服务的相关知识。

任务目标

★ 知道什么是网店售中服务

★ 熟悉网店售中服务的主要内容

★ 深刻理解和践行"以客为尊，用户至上"的发展思想，提升服务意识

素养园地

"货物发出"背后的故事

一个星期五下午两点钟，德国一位经销商史密斯先生打来电话，要求海尔两天之内发货，否则订单自动失效。要满足客户的要求，意味着当天下午货物就要装船，而海关等部门五点下班，因此时间只剩下3个小时。按照一般的程序，货物当天装船根本无法实现。海尔员工的销售理念是：订单就是命令，保证完成任务，海尔人决不能对市场说"不"。

于是，几分钟后，船运、备货、报关等工作同时展开，确保货物能按客户的要求送达。一分钟、两分钟、十分钟……时间在一分一秒地逝去。执行这项任务的海尔员工全都行色匆匆，全身心地投入与时间的赛跑中。

当天下午五点半，海尔向史密斯先生发出了“货物发出”的消息。史密斯了解到海尔发货的经过后，十分感动，他发来一封感谢信说：“我从事家电行业十几年，从没给厂家写过感谢信，可是对海尔，我不得不这么做！”

评析：

“订单就是命令”，海尔公司从客户的根本利益出发，全力以赴地为客户排忧解难，甚至不惜损失企业利益。企业只有为客户提供了满意的产品和服务，才会得到更好的回报，员工也才能得到更好的收益。对于客服来说也一样，你只有全力以赴，才可能比别人做得更好，有更多的机会成为不可替代的金牌客服！

知识热身

扫一扫

网店售中服务

一、网店售中服务的含义

网店售中服务是对有效订单的处理，指在客户提交订单并完成支付到确认收货的过程中客服所提供的服务。

礼貌、热情、专业的售前服务可以给客户留下良好的印象，体贴、周到、负责的售中服务才是客户对店铺信任感的真正开始。

小提示

目前对大多数网店卖家而言，客服一般分为售前客服和售后客服。售中服务工作通常由售前客服来完成。

二、网店售中服务内容

售中服务的内容主要包括核对订单信息、添加备注、查看买家留言、礼貌告别、打单发货、物流配送及跟踪、派送签收提醒等，如图 5－1 所示。

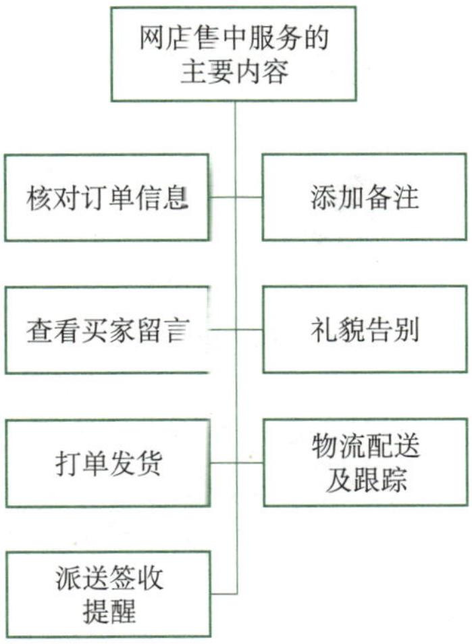

图 5－1 网店售中服务的主要内容

1. 核对订单信息

客服在收到客户订单付款信息后，要通过即时聊天工具或相关通信工具，与客户取得联系，确认客户填写的信息是否正确，特别是收货地址、联系人姓名、联系方式、订购的商品信息等，避免因这些错误而引起纠纷。该内容将在任务二中做详细介绍。

2. 添加备注

客服在与客户沟通的过程中，或者在核对订单时，应把客户的特殊要求记录下来。常见的客户特殊需求有指定快递、希望赠送一个小礼品、需要客服代写祝福贺卡等。添加备注可以在咨询接待的任何时候，最好是和客户达成一致后立刻备注，避免因客服工作繁忙而忘记，从而失信于客户。

客服添加备注信息有两种方式：（1）旺旺聊天窗口备注信息，如图 5－2 所示；（2）通过“已卖出的宝贝”—“订单”标记信息，如图 5－3 所示。备注信息可以填写备注内容，还可以按习惯或约定选择不同颜色的旗子，标记的信息仅卖家可见，仓库在发货之前都会看备注。

图 5－2　旺旺聊天窗口备注信息

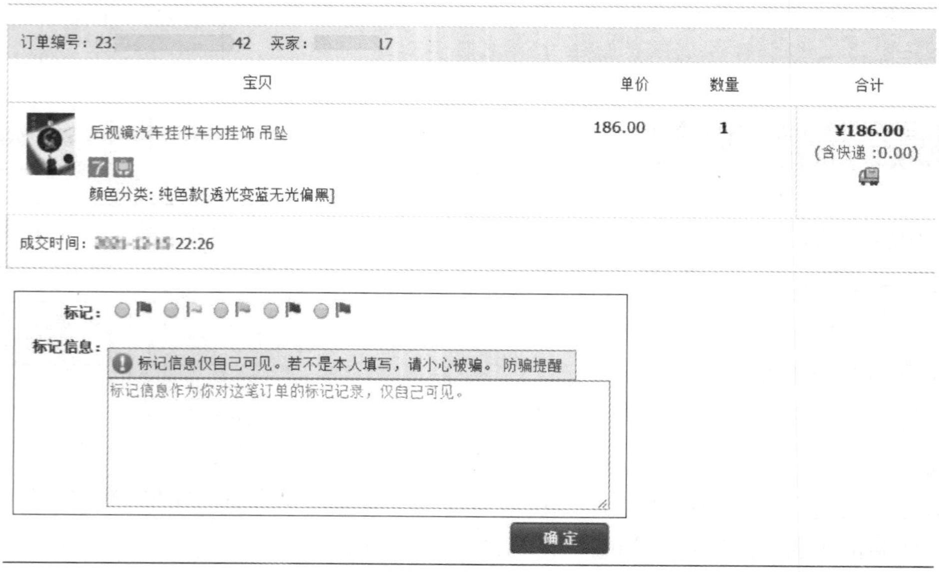

图 5－3　标记订单信息

3. 查看买家留言

买家留言，客服即时聊天软件的工作界面和卖家消息中心都会有标识，分别如图 5－4 和图 5－5 所示。

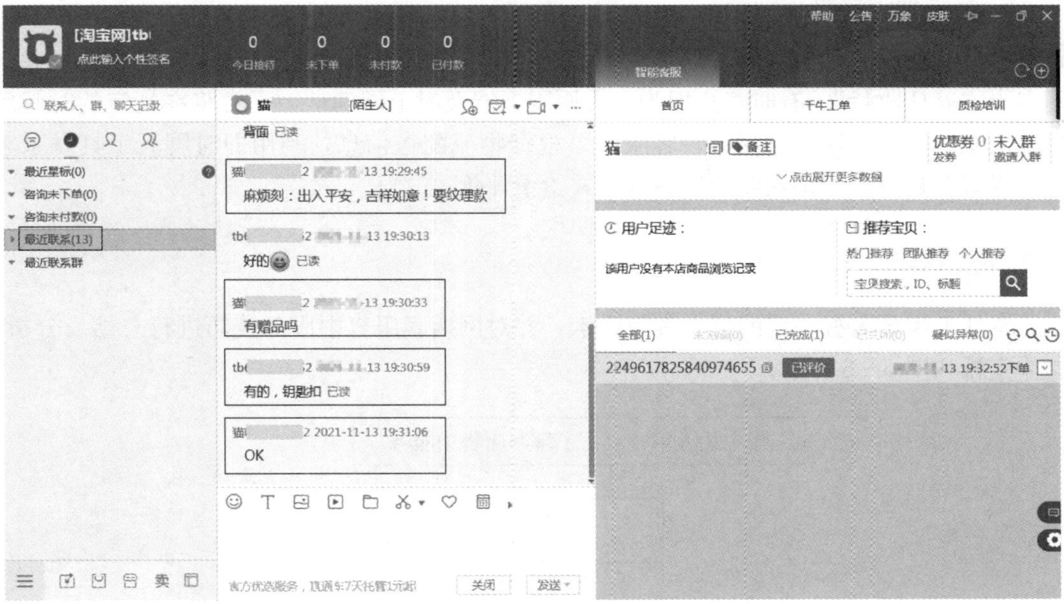

图 5－4　旺旺界面买家留言显示

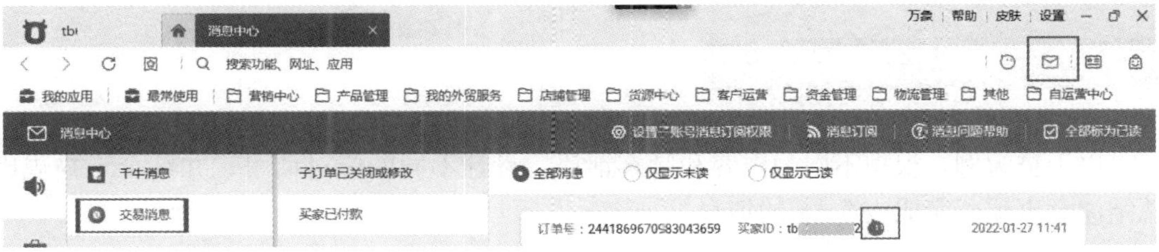

图 5－5　卖家消息中心买家留言显示

4. 礼貌告别

核对完订单之后，要礼貌告别。网店客服是通过毫无生机的计算机与客户进行交流，客户看不到客服的表情和热情，因此不能简单地说“再见”，而是要用丰富的表情以及礼貌的用语表达自己的热情。如：“非常感谢您对××的支持，祝您生活愉快！”得体的结束语可以给客户留下良好的印象，让客户获得满足感，在收到货后可能会给予卖家良好的评价，甚至会在评价当中专门对客服提出点名表扬。该内容将在任务二中做详细介绍。

5. 打单发货

确认订单有效后，就该打单发货了。有些网店需要人工填写快递单，有些网店会借助第三方工具，系统将自动分配订单到仓储配送部门，由仓库的工作人员进行审单、打印、备货、包装、发货的处理。该内容将在任务三中做详细介绍。

6. 物流配送及跟踪

物流配送是指物流公司将货物送至客户手中。网店客服的工作是为需要帮助的客户提供快递信息查询等服务，以保证货物准确无误地到达客户手上。

7. 派送签收提醒

客户确认收货是售中服务的最后一个环节，即快递人员将货物送达，客户签收并上网点击“确认收货”。有时客户因为个人原因未能及时上网确认，平台将在规定的时间后自动确认收货。在这个过程中，客服也可根据物流配送信息，利用即时聊天工具联系客户，提醒客户点击“确认收货”签收，并给予评价。

任务实施

本任务需要掌握一定的售中客服话术，并对网店客服售中服务技巧进行总结、分析。具体安排如图 5－6 所示。

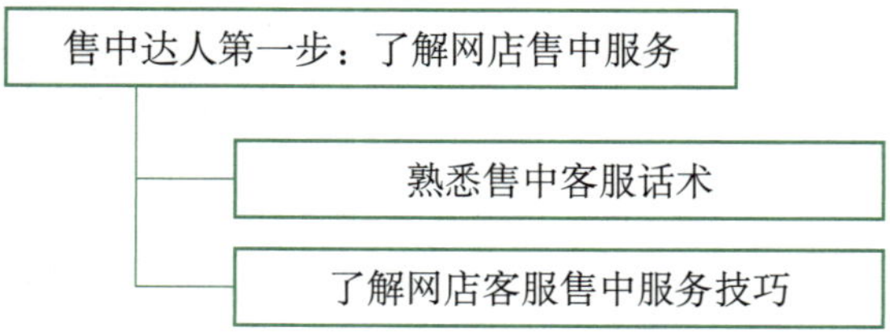

图 5－6　了解网店售中服务

STEP1　熟悉售中客服话术

以天猫为例，根据不同的内容和顾客话语，设计不同的应对话术，并结合天猫规则总结注意事项，完成表 5－1 的填写。

表 5－1　售中客服话术表

内容	顾客话语	客服话术	注意事项
发票问题	你好，已付款！能开发票就帮我开一张一起寄来哦！	话术 1：	
		话术 2：	

续表

内容	顾客话语	客服话术	注意事项
换货	亲，刚拍的衣服我想换成 M 码，可以吗？	“未发货”话术：	
		“已发货”话术：	
指定快递	已付款，麻烦发××快递哦！谢谢！	“有合作”话术：	
		“没合作”话术：	
索要赠品	亲，付款成功，怕鞋子大了，送一双半码垫可以吗？	“有该赠品”话术：	
		“无该赠品”话术：	

STEP2 了解网店客服售中服务技巧

利用网络，收集网店客服售中服务技巧的相关内容，将你认为最重要的 5 个技巧填写在表 5－2 中，并对其进行详细介绍。

表 5－2 网店客服售中服务技巧

售中服务技巧	详细介绍

任务小结

售中服务的内容主要包括核对订单信息、添加备注、查看买家留言、礼貌告别、打单发货、物流配送及跟踪、派送签收提醒等。体贴、周到的售中服务是顾客对店铺信任感的真正开始，每一个环节都需要客服认真对待。

任务二 处理订单

情景导入

通过学习，娜娜对售中客服的主要工作内容有了一定的了解，但还不知道工作中该如何操作。叮叮让娜娜到客服部看客服是如何对不同交易状态的订单进行处理的。

任务目标

★ 掌握有效订单的处理方法和技巧

★ 培养严谨细致、精益求精的工作态度，增强职业认同感、责任感

素养园地

粗心的豆豆

豆豆是某旗舰店的客服，近期沉迷网络游戏，每天都很晚休息，上班时总是提不起精神，询单转化率明显下降，最严重的是一天犯了三个错误，被顾客投诉、差评，给店铺带来了不小的损失。

失误1：顾客购买了“买一送一”商品，未对顾客选择的赠品进行登记，仓库随机送出的赠品与顾客选择的不一样，顾客给予差评。

失误2：把后面一个订单的备注信息，填写到前面一个订单里，而且没有检查，结果两个订单都发错了。

失误3：顾客付款时发现地址错误，要求修改地址，豆豆答应给顾客修改却忘记了，在6个小时后才匆匆进行了备注，因间隔时间较长，仓库已经按照原地址发出。

评析：

细节决定成败，客服工作要遵守一定的规则和流程，客服要用自己的热情、专业、细心为顾客提供优质的服务，避免因个人原因给顾客带来麻烦、给店铺带来损失。客服要具有严谨细致、专注负责、精益求精的工作态度，以及对职业的认同感、责任感。

知识热身

在电子商务活动中，客户提交订单后还有可能会出现变化，因此在收到订单之后、

发货之前，售中客服要跟进订单，直到客户确认收货，完成交易。

一、核对订单信息

扫一扫

处理订单

细节决定成败，把好核对信息这一关，可以提高服务质量，避免诸多后续售后问题，比如地址错误快递无法派送、联系方式错误客户无法收到快件、商品信息错误要求退换货等。

核对订单信息，客服要做到以下三点：

（1）核对客户收货地址、姓名、电话是否有误。

（2）核对下单尺码、颜色是否有误。

（3）核对发货时间、发货快递是否被客户接受。

商家借助软件可设置自动核单，客户下单后系统会自动将订单信息以卡片的形式发送给客户，让客户对订单的地址和其他信息进行核对。客服也可手动点击管理界面中的“核对订单”与客户进行订单核对，如图 5－7 所示。

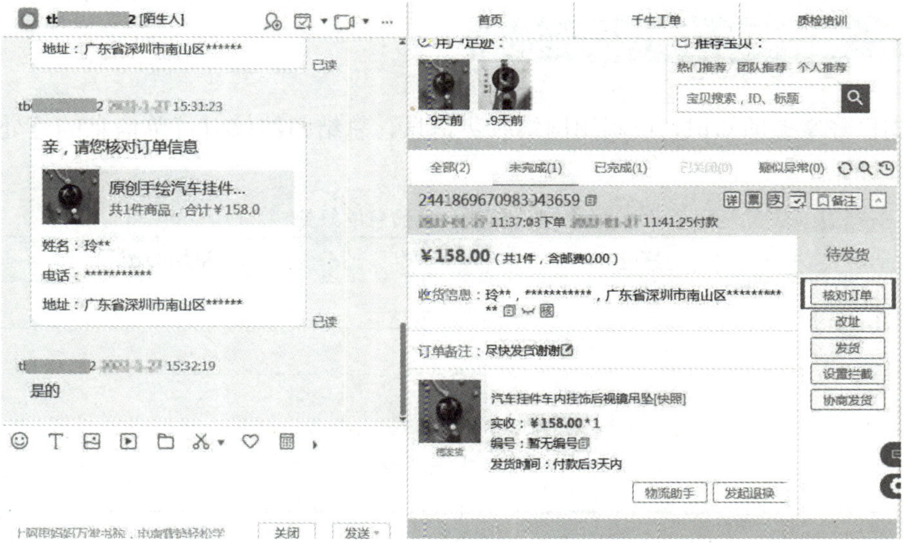

图 5－7　核对订单信息

如果客户说信息有误，客服可让客户提供需要修改的信息，立刻进行修改。

二、礼貌告别

因为网络交流的特殊性，客服要用更多丰富的表情符号以及礼貌的用语表达自己的热情。如：

（1）小美很高兴可以接待您，后续有任何问题您都可以联系我哦，祝您生活愉快。

（2）非常感谢亲的惠顾，我们会尽快安排发货，请您注意查收。如果您觉得我们的宝贝还不错，记得给我们全 5 颗星和好评哦，您的鼓励我们很看重，有您的支持，我们才能做得更好。

（3）非常感谢您的支持，我们有做得不好的地方，您都可以提出，我们会多加改进的，感谢您对小店的支持，祝您生活愉快！

任务实施

本任务需要掌握并理解核对订单信息的好处，能进行不同礼貌告别话术的设计及分析。具体安排如图 5－8 所示。

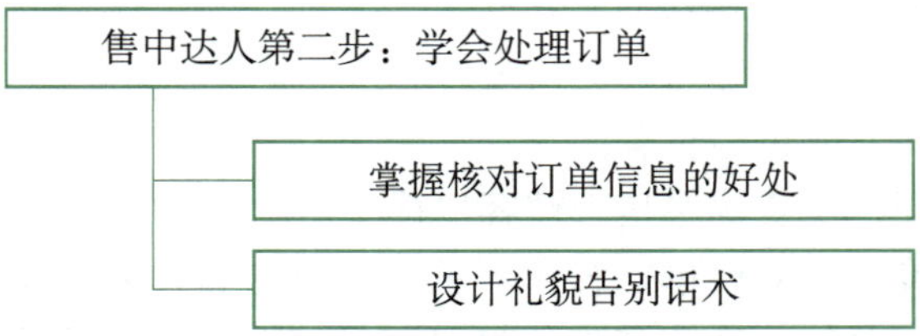

图 5－8　学会处理订单

STEP1　掌握核对订单信息的好处

根据已经掌握的知识，或利用网络收集信息，总结归纳核对订单信息的好处，并完成表 5－3 的填写。

表 5－3　核对订单信息的好处

编号	好处	举例介绍
1		
2		
3		
4		
5		

STEP2　设计礼貌告别话术

根据已经掌握的知识，或利用网络收集信息，设计 3 句礼貌告别话术，并完成表 5－4 的填写。

表 5－4　礼貌告别话术

编号	礼貌告别话术	试读后的评价及修订
1		
2		
3		

任务小结

售中客服的首要任务是对有效订单进行处理，主要包括核对订单信息和礼貌告别，客服需要掌握核对订单的方法和礼貌告别话术设计，努力为客户提供较好的购物体验。

任务三 下单发货

情景导入

娜娜看到客服与客户礼貌告别后，认为售中服务已经结束。叮叮告诉她，客服还需掌握一定的下单发货操作知识和物流知识，因为有些店铺确认发货、打印快递单是由客服完成的。娜娜还需要进一步掌握相关知识。

任务目标

★ 熟悉确认发货的流程及具体操作

★ 会填写、打印快递单

★ 培养网络安全意识和遵纪守法的职业素养

素养园地

赚 27.5 万元仅发货 10 只口罩　男子诈骗获刑 11 年半

家住××市××区的胡某，看到朋友圈里有人在卖口罩，还晒出了口罩实拍图、口罩的生产许可证和营业执照等证件图片，于是动起了歪脑筋。他保存了图片，在自己的朋友圈发布了同样的内容，并让朋友对外推广，让有需要的人联系自己购买。

××区某公益组织的采购人玲玲（化名），需购买大批量口罩进行公益捐助。2020年2月6日，玲玲加了胡某的微信，胡某称自己有生产渠道，一次性医用外科口罩等各种口罩都有现货。玲玲随即下单了价值27.5万元的8万只口罩，并表示口罩要拿到医院急用，希望尽快发货。

然而，胡某迟迟未发货。在玲玲的多次催促下，胡某虚构快递排不上队等理由拖延发货。后又害怕事情暴露，胡某向他人购买了10只口罩寄往玲玲处。

此外，胡某还通过类似手段骗取了32.8万元。

玲玲报案后，犯罪嫌疑人胡某被抓获归案。××区人民检察院对胡某以诈骗罪提起公诉，该院认为在新冠疫情期间，假借销售用于预防疫情用品的名义实施诈骗，数额特别巨大，依法应从重处罚。胡某被判有期徒刑11年6个月，并处罚金40万元，剥夺政治权利1年。

评析：

遵纪守法是每个公民应尽的社会责任和道德义务。法网恢恢，疏而不漏，不法分子利用网络进行诈骗，定将受到法律的制裁。我们要树立正确的价值观，提高道德水平，遵纪守法，以维护健康的网络环境；树立正确的网络安全观，加强自我防范意识，提高识骗防骗能力，共同构筑强大的网络安全屏障。

知识热身

订单确认后，进入发货环节。发货可由仓库工作人员完成，也可由客服完成。下单发货主要包括以下内容：确认发货，填写、打印快递单。

一、确认发货

扫一扫

下单发货

平台不同、使用的发货软件不同，确认发货的步骤略有不同，但主要都包括以下三个步骤：确认收货信息及交易详情、确认发货/退货信息、选择物流服务。本任务以淘宝网卖家确认发货为例进行介绍，如图 5－9 所示。

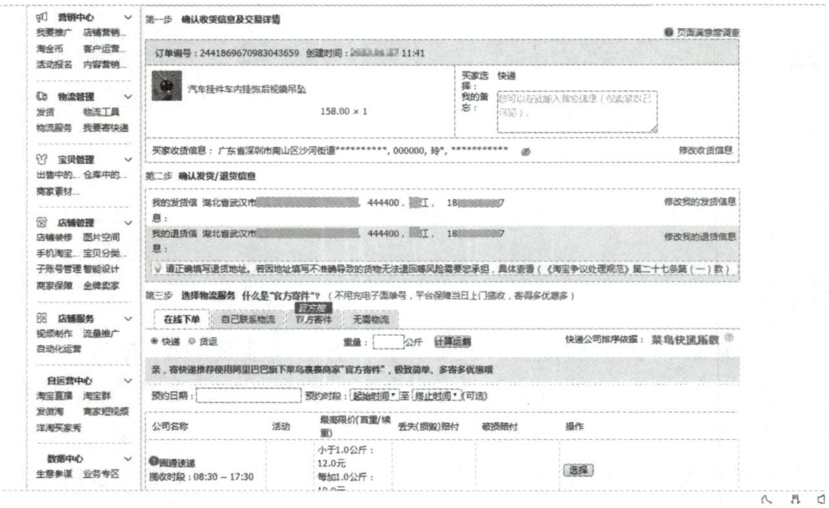

图 5－9　发货步骤

1. 确认收货信息及交易详情

收货信息和交易详情一般都是系统根据买家提交的订单自动生成的，客服如果事先核对过订单信息，此处再看一下“买家选择”和“我的备忘”即可。

2. 确认发货/退货信息

发货信息一般都是网店事先填写好的地址，客服在操作中不需要另外修改。

3. 选择物流服务

选择物流服务包括：在线下单、自己联系物流、官方寄件、无需物流。“在线下单”按提示操作即可完成快递服务；如果选择“自己联系物流”，就将发货的快递单号准确无误地填写进“运单号码”处，再点击“确认”按钮即可；“官方寄件”按提示完成操作，平台方会安排快递人员上门取货；如果是无形商品，就选择“无需物流”。

小提示

“自己联系物流”时要注意一个快递单号只能给一个 ID（账号）使用，不同 ID 要使用不同的快递单号，一个快递单号也只能使用一次。如果同一买家在同一店铺分次下单，但收货地址一样，卖家可以与买家达成一致后，使用同一 ID 发货。

二、填写、打印快递单

目前大部分网店都会用店铺管理软件进行店铺管理，如网店管家、管易软件、E 店宝等，阿里巴巴旗下商家服务市场也提供了众多应用。这些软件均提供打单发货等服务，如阿里旗下的超级店长后台就有“去发货”“打印快递单”等，如图 5 - 10 所示。

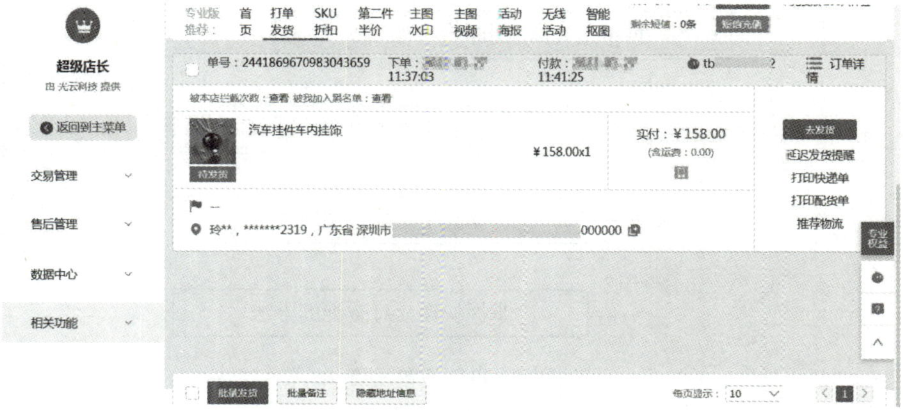

图 5 - 10　超级店长管理界面截图

借助软件打印快递单可大大提高工作效率，但也有一些网店需要手工填写快递单。

手工填写快递单的注意事项有：

（1）寄件人、收件人姓名要填写准确。

（2）寄件人、收件人地址要完整。寄件人、收件人地址在非直辖市的，均须按省、市、县、街道、门牌号码（楼号、单元号、楼层、房号），农村地址须按省、市、县、乡、村的顺序填写。

（3）寄件人、收件人的电话号码必须填写，要准确、有效，优先填写手机号码。

（4）寄件人、收件人为个人的，“单位名称”栏可省略不填，但寄件人、收件人为企业的，除填写具体的寄件人、收件人姓名外，还要将寄件单位和收件单位全称填写清楚。

（5）为快递安全及迅速送达，必须准确填写六位邮政编码。

（6）内件品名要注明内装物品的具体名称及内装物品的具体数量。

（7）“信函”“文件资料”“物品”由寄件人选填，在相应的“□”内画“√”。承运人有权依法验视内件。

（8）“是否保价”由寄件人自行选择填写，在相应的“□”内画“√”。对于选择保价服务的快件，其“声明价值”需据实填写。“声明价值”是计算保价费用和出现快件损毁后理赔的重要依据（金银制品保价声明价值应与其提供留底的发票数量和面额保持一致），不能估计、杜撰，不保价则不用填写。

小提示

填写快递单时要尽量写清楚，以免邮寄过程中把笔迹抹掉；寄快件一定要保留一份快递底单，以防遗失或破损后好追责。

任务实施

本任务需要掌握利用电脑打印快递单的方法，学会手工填写快递单，以及掌握根据不同情境查询快递信息的途径和方法。具体安排如图 5－11 所示。

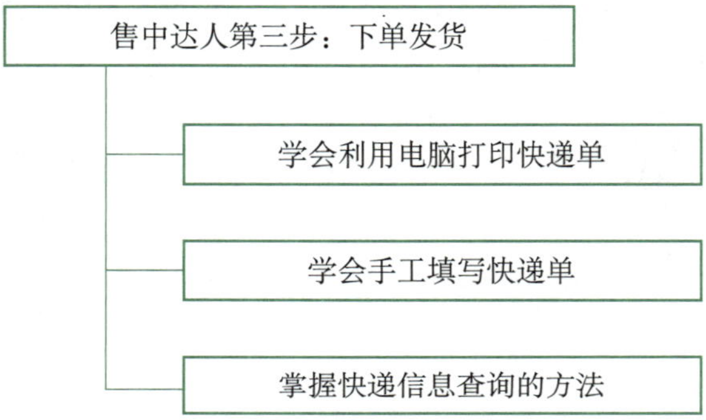

图 5－11　下单发货

STEP1　学会利用电脑打印快递单

目前有很多免费的打印快递单的软件，请利用网络搜索一款快递单打印软件，完成表 5－5 的填写。

表 5－5　快递单打印软件介绍

软件名称	
下载地址	
安装方法	
功能介绍	
使用方法	

STEP2　学会手工填写快递单

以填写顺丰速运快递单为例，了解快递单的内容，掌握手工填写快递单的方法。

收货人信息：

收货地址：湖北省武汉市武昌区南湖大道××号××公司；收货人姓名：张丽。

邮政编码：430000；联系电话：180××××1030。

发货人信息：填写自己的地址。

其他信息自行编写。

请根据以上信息填写表 5－6

表 5－6　顺丰速运快递单

为提供更便捷的寄递服务，请登我司网站或拨打全国统一服务热线　4008 111 111　www.sf-express.com　全国服务监督电话　0755-8315 1111

①寄件人信息 Shipper information				⑤业务类型 Shipment Type			⑧地区代码 Area Coce		
客户编码				□即日到	□陆运达		原寄地	目的地	自取件 □
寄件公司		联络人		□普货	□陆运通				自寄件 □
地址				⑥附加业务类型 Additional Service Type			⑨付款方式 Payment of Charge		
区号		联系电话		□代收货款	卡号：		□寄方付	□收方付	□第三方付
②收件人信息 Consignee information					金额：		月结账号		
客户编码				□签单	回单号：		第三方付款地区		
收件公司		联络人		□寄方偏远　□到方偏远		费用	⑩收派员信息 Courier Information		
地址				□夜晚收件		费用	收件员		派件员
区号		固定电话		□等通知派送		费用			
③托寄物详细资料 Shipment Information				□包装			⑪寄件人签署 Shipper's Signature		
托寄物内容		数量		□其他	□特殊保价 □特殊配送 □其他个性化服务		日期：　月　日　时　分		
④体积重量 Dimensional Weight				保价	声明价值：		⑫收件人签收 Consignee's Signature		
长　cm	宽　cm	高　cm		□是　□否	保价费率：		收件人签名		
				⑦费用 Charge					
				件数：	计费重量：		日期：　月　日　时　分		
				实际重量	费用合计：		备注：		

STEP3　掌握快递信息查询的方法

目前买卖双方在交易记录中都可以对物流信息进行跟踪，但少数情况下需要进入快递公司官网或综合性快递查询网站进行查询。请根据所学知识或利用网络查询信息，完成表 5－7 的填写。

表 5－7　快递信息查询途径及方法

类型	查询途径及方法
顺丰快递信息查询	
圆通快递信息查询	
只知快递单号，不知所属快递公司的信息查询	

小提示

客户询问快递进度，客服应将查询结果如实告知客户。告知方式可以是用即时聊天工具给客户留言，也可以发短信、打电话通知。

任务小结

下单发货主要包括：确认发货，填写、打印快递单。确认发货主要包括确认收货信息及交易详情、确认发货/退货信息、选择物流服务三个步骤。

综合练习

一、判断题

1. 对于未付款的订单，客服要查看与客户的聊天记录，了解其购买信息，然后询问未付款的原因，提供帮助，引导客户尽快付款。(　　)

2. 快递单必须打印，不能手写。(　　)

3. 添加备注可以在咨询接待的任何时候。(　　)

4. 售中客服的工作职责是跟进订单，直到客户确认收货，完成交易。(　　)

5. 选择物流服务包括：在线下单、自己联系物流、官方寄件、无需物流。(　　)

二、选择题

1. 网店售中服务是对有效订单的处理，是指客户在网上拍下商品到(　　)的过程。

A. 卖家发货　B. 确认收货　C. 物流发货　D. 礼貌告别

2. (　　)为售中服务的最后一个环节。

A. 确认收货　B. 下单发货　C. 礼貌告别　D. 物流配送

3. 对已付款订单的处理，主要是(　　)和礼貌告别。

A. 下单发货　B. 核对订单信息

C. 物流配送　D. 填写、打印快递单

4. 核对订单信息不包括（　　）。

A. 收货地址　B. 收货人联系电话

C. 订购商品信息　D. 收货时间

5. 下列表述错误的是（　　）。

A. 核对订单信息在一定程度上能避免诸多售后问题

B. 客服要注意不能过度催付，表达也不能太过生硬

C. 下单发货主要包括确认发货，填写、打印快递单

D. 配送是由物流公司将货物送到客户手中，客服无须为客户提供物流跟踪服务

三、操作题

1. 进入淘宝网，分别选择不同商家的两件宝贝，提交订单后不支付，记录卖家应对方法和客服话术，并对两家店铺的做法进行评价。

2. 现有一件连衣裙需要寄到云南，老板让你联系快递寄出，你会怎么做？

3. 收集并记录最近一年自己网购时商家的礼貌告别话术，在你认为最优的客服话术下画上波浪线。

项目六

售后客户服务

学习目标

● 知识目标

1. 熟悉网店售后服务的内容及注意事项；
2. 了解顾客反馈的类型，明确正确处理顾客反馈的意义；
3. 理解顾客投诉的概念。

● 能力目标

1. 能灵活运用沟通技巧为顾客处理退换货或退款问题；
2. 学会用“一分为二”的观点看待顾客投诉，能灵活处理顾客的投诉；
3. 能有效应对顾客对商品的评价。

● 素养目标

1. 培养辩证思维，正确看待商业机会和危机挑战；
2. 深刻体会忧患意识中饱含的责任意识，激发强烈的责任感、使命感。

叮叮说案例

客服偶尔也要巧妙妥协

有位顾客在网店看中了一件衣服，经过讨价还价，金牌客服小海还是占了优势，把价格稳住了，顾客 199 元拍下衣服。没想到过了两天，顾客又发来信息，说他发现衣服是破的，要求退换。因质量问题的退换件邮费是由卖方承担的，假如退换，公司就要出 20 元的邮费，还有可能要收回一件破衣服。小海知道出货时已经很细心检查过，衣服是没问题的，所以能确定不是衣服真的破了。她心想，如果选择让顾客拍照，说不定衣服上就真的多了一个洞。小海也知道这位顾客的心理，其实他只是想通过这样的方式迫使客服减价处理。于是小海和这位顾客谈判，说服他留下衣服，可以按“打折价”给他。最后，小海和这位顾客说定，退回 10 元给他，相比退换货多出的 20 元邮费还少了 10 元，也获得了顾客的好评。

点燃思考

娜娜：“叮叮主管，如何分辨哪些情况要妥协？我也想像小海一样能得心应手地处理每一个售后问题，我要加强哪方面的学习呢？”

叮叮：“从上面的案例我们可以看出，小海能够及时分辨顾客的售后需求，也能够权衡轻重、巧妙妥协，这需要有熟练的售后沟通技巧。售后问题处理不好，顾客很可能会给一个差评，我们都知道好评对店铺的重要性，所以要学会权衡利弊。当然，在顾客‘狮子大开口’时，我们也不该妥协。”

任务一　初识网店售后服务

情景导入

叮叮将娜娜带到网店售后服务部，娜娜发现网店售后服务是较为辛苦的工作，售后客服面对的基本都是带有负面情绪的顾客，要不时接受顾客的抱怨与指责。她意识到要先了解网店售后服务工作的具体内容，才有助于售后工作的顺利开展。

任务目标

★ 了解网店售后服务的含义
★ 知道网店售后服务的内容
★ 熟悉网店售后服务的原则
★ 培养知己知彼、勇于开拓创新的职业价值观

素养园地

知彼知己，百战不殆

《孙子·谋攻篇》中说：“知彼知己，百战不殆。”

东汉末年，天下大乱，刘备欲借汉室旗号自己做皇帝，无奈势薄力微，难以与曹操、孙权抗衡。公元 207 年，刘备亲自到隆中，三顾茅庐，请得诸葛亮出山相助。

诸葛亮为刘备分析了天下大势：曹操势力强盛，急于吞并天下诸侯而自立；孙权坐拥江东，基业雄厚；唯独占据荆益二州的刘表昏庸无能。说到此，诸葛亮话锋一转，为刘备制定了“占据荆益、联吴抗曹”的大政方针，这便是著名的“隆中对”。

此后数年，刘备在这个战略思想的指导下，夺取荆益，占据四川，终于建立蜀汉政权，形成“三分天下”的鼎足之势。

这正是对“知彼知己，百战不殆”谋略的绝佳应用，分析对手和天下大势，从而确定自己的战略。

评析：

“知彼知己，百战不殆”这一论断，备受历代兵家推崇，古人将其称为“兵家大要”。这一思想不仅普遍适用于军事，在工作、生活中，只要我们灵活运用，就能掌控主动权。售后客服站在顾客的立场看问题，有助于“知彼”，也大大有益于“知己”，知彼知己才

能为售后问题提供更完美的解决方案。

知识热身

一、网店售后服务的含义

售后服务，是指商家把产品或服务销售给顾客之后，为顾客提供的一系列服务，包括送货、维修、排除技术故障、退换货等。网店售后服务，即网店将商品销售给顾客后，为顾客提供的一系列服务。

良好的售后服务，能给顾客带来完整的购物体验，能积累网店的品牌效应。聪明的网店经营者是绝不会忽视售后服务环节的，因为他们都清楚，维护好 1 个老顾客比新开发 10 个新顾客更重要。针对一些忠实的顾客，要花大力气去维护，经常光顾的顾客才是网店最大的利润来源。

售后服务是一次交易的结束，也是下一次交易的开始。网店售后服务的目的是在售后服务中挖掘商机，提高顾客回购率。

小知识

售后服务管理师

为了推动各行业售后服务制度健康规范发展，提高企业核心竞争力和用户满意度，创建和谐社会，2011 年 12 月 30 日，国家质量监督检验检疫总局、国家标准化管理委员会颁布了国家标准《商品售后服务评价体系》(GB/T 27922—2011)，并于 2012 年 2 月 1 日起实施。

中国商业联合会在全国范围内开展了“售后服务管理师职业资质认证”培训工作。符合条件者均可报考，考试合格即可获得由中国商业联合会颁发的资质证书。

售后服务管理师需掌握企业售后服务体系的构建、人员培养、团队建设、质量管理、投诉处理、危机公关等各方面的知识，为企业与顾客的沟通管理指点方向，可以说是客服岗位的“金领”。

二、网店售后服务的内容

网店售后服务开始于订单接收后，贯穿发货至再次购买的全过程，其主要内容包括以下四个方面，如图 6-1 所示。

1. 退换货处理

产品售出后，部分顾客会因为个人原因或产品原因要求退换货，网店售后客服要熟悉退换货规则，在安抚顾客情绪的同时，耐心地协助顾客完成退换货操作流程。收到顾客寄回的包裹要认真检查产品，需要换货的要重新安排产品给顾客寄出并告知顾客快递

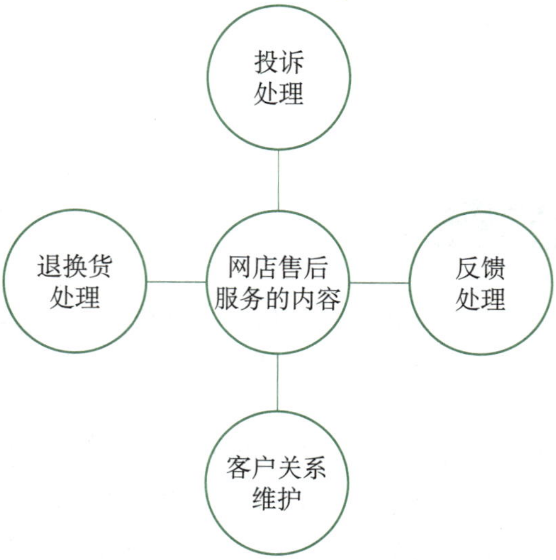

图 6－1　网店售后服务的内容

单号；需要退货的要第一时间退款给顾客并提醒顾客查收。退换货还要及时做好登记以备查询。

2. 投诉处理

顾客的投诉处理十分重要，处理结果会影响顾客的评价，同时影响产品和网店的排名。在接到顾客投诉时，网店售后客服要在第一时间安抚顾客的情绪，尽快寻找一个最佳的解决办法。

3. 反馈处理

部分顾客购买产品后，在使用过程中会对产品有意见，他们会进行反馈。售后客服要对顾客反馈的信息进行处理，利用顾客反馈的信息对网店产品进行提升。

4. 客户关系维护

客户关系是指网店为达到其经营目标，主动和顾客建立起来的某种联系。客户关系维护是网店售后客服要做好的一项重要工作，如及时回访、赠送小礼物、赠送抵用券等。

扫一扫

网店售后服务的原则

三、网店售后服务的原则

网店售后服务要注意遵循以下三大原则，如图 6－2 所示。

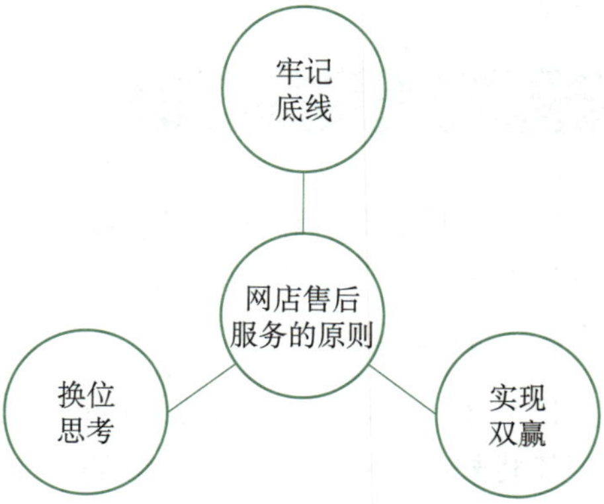

图 6－2　网店售后服务的原则

1. 换位思考

很多顾客在投诉时会表现出情绪激动，甚至对客服人员“爆粗口”。网店售后客服一定要能够换位思考，及时向顾客表达歉意，稳住其情绪，记录下顾客提及的问题，尽快采取相应的措施解决处理。切忌对顾客爱答不理，拖延时间不给解决，或者推卸责任，与顾客相互指责，这样只会令顾客失望，产品质量再好，也无法赢得回头客。

例如："您好，很抱歉给您带来不愉快，我很愿意为您解决问题，让我看一下该如何帮您！"对于能马上解决的问题就该第一时间给予答复："您好，马上帮您解决"，一句话稳住顾客。有些问题无法立即解决，也要告诉顾客会尽快着手解决："您好，我们会尽快给您解决，请耐心等候。"

2. 牢记底线

售后问题处理得是否得当，不仅会决定顾客的满意度，更会影响网店的利益。网店售后客服应熟悉网店的规章制度和每个产品的相关特性，明确每个售后问题的处理底线在哪里，这样才能在不影响网店利益的前提下，给顾客一个满意的解决方案。

当顾客提出无理要求时要学会拒绝，但尽量寻找委婉的拒绝方法，在安抚中拒绝。例如："这个问题的投诉我们之前也遇到过，但是从来没有像这次这么处理过，这个处理方案已经是特殊照顾您啦！您都不知道我是找了多少个部门，申请了多少次，最后才通过的。""其实您提出这样的要求，我也能够认同，但在现阶段确实超过我们的服务能力，我们不能满足您的要求。其实我已经为您做了最大的争取，最终就是这样的一个处理结果，希望您能够谅解。"对于无理又不肯接受处理结果的顾客，售后客服要将聊天记录等相关资料保存起来，以备查询。

3. 实现双赢

顾客抱怨或者投诉，大都是因为产品有问题，或使用后利益受损，往往希望得到补偿。对于产品质量问题，售后客服首先要明确态度。例如："亲，很抱歉给您带来麻烦，产品质量有问题，退换都是可以的，来回运费我们出。"这样顾客心里马上会变得舒服一些，那接下来的沟通就不是一个大问题了。产品退换双方都会比较费时费力，对于影响不大的质量问题，可以引导顾客自行处理，然后做出适当的补偿，比如付修理费、下次购买给予折扣等。这个时候大多数顾客都会开始权衡可行性，然后讨论补偿。这样，网店省了在退换货上花费的时间和精力，顾客也得到了实质上的优惠，顾客对售后服务满意，就会关注网店，下次可能会再来购买。

小案例

京东成功的售后

京东集团旗下设有京东商城、京东金融、拍拍网、京东智能、O2O及海外事业部等。2014年5月，京东在美国纳斯达克证券交易所正式挂牌上市，是中国第一个成功赴美上市的大型综合型电商平台，与阿里巴巴、腾讯、百度等中国互联网公司共同跻身全球前十大互联网公司排行榜。京东2021年第三季度净营收2 187亿元，经营利润为人民币26亿元。截至2021年9月30日的12个月里，京东活跃购买用户数达5.52亿。

京东商城能迅速发展并赢得消费者青睐，与它的服务理念是密不可分的。京东商城秉承“客户为先，诚信至上”的宗旨，以让购物变得简单快乐为最终目标，除了保证所售商品都是正品行货外，还提供正规全面的售后保障。

对于消费品，特别是3C类别的商品，售后服务是增强客户忠诚度、获取附加价值的重要工作。京东商城推出了“价格保护”“退换货”“上门服务”等举措；针对投诉难、售后服务请求难问题，提出了“售后100分”服务承诺：自京东售后服务部收到返修品并确认属于质量故障开始计时，在100分钟内处理完一切售后问题，售后服务响应速度已快于大部分实体销售渠道。这一系列的售后服务，成为京东商城“心服务体系”的一部分，也建立了电子商务行业全新的整体服务标准，为京东商城抗衡传统实体店赢得了不少加分，更是拉大了与其他中小电子商务企业的服务距离。此外，京东还投入使用AI（人工智能客服）并不断升级，以分流顾客，减轻人工客服压力。

任务实施

本任务以淘宝网为例，熟悉淘宝网订单的查找方法，明确网店售后客服的工作内容，并掌握避免售后纠纷的售后服务卡的制作方法。具体安排如图6-3所示。

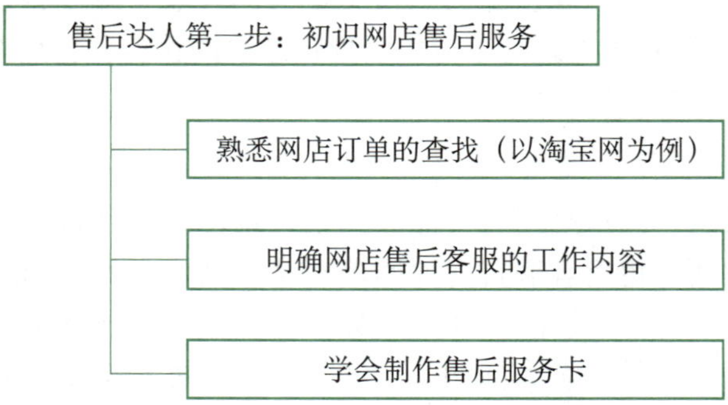

图6-3　初识网店售后服务

STEP1　熟悉网店订单的查找（以淘宝网为例）

登录淘宝网，进入卖家中心，如图6-4所示，单击左栏交易管理中“已卖出的宝贝”，查看网店订单。

尝试订单搜索，明确可以通过哪些关键信息来查找订单，哪种查找方法最快最直接。

可查找订单的关键信息：____

____

____

最快最直接的方法：____

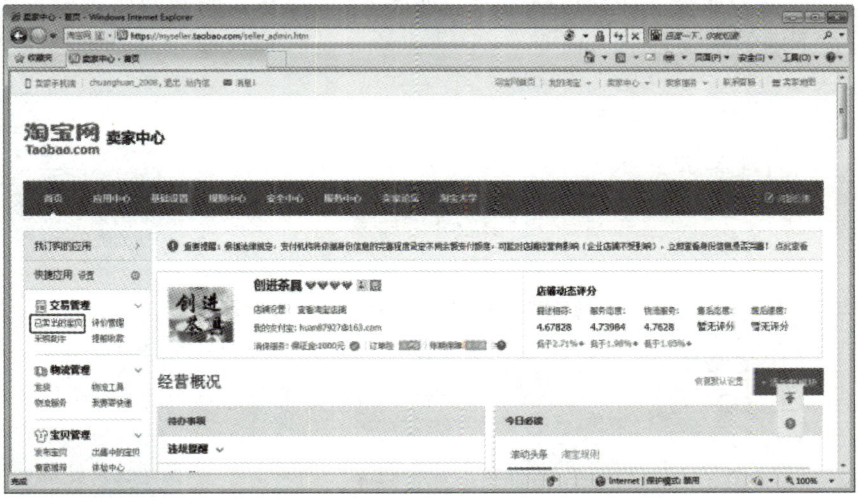

图 6-4 淘宝网卖家中心

STEP2 明确网店售后客服的工作内容

1. 在“我的淘宝”页面中，单击“千牛卖家中心”—“卖家培训中心”（如图 6-5 所示），进入淘宝教育首页。

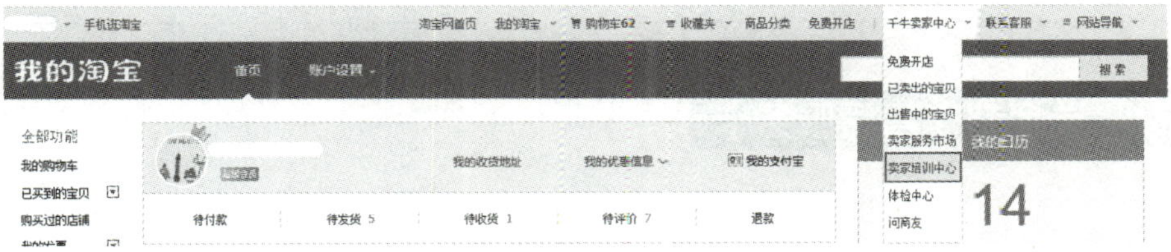

图 6-5 卖家培训中心入口

2. 在淘宝教育首页单击“淘宝小课”（如图 6-6 所示），即可进入淘宝教育的免费课程。

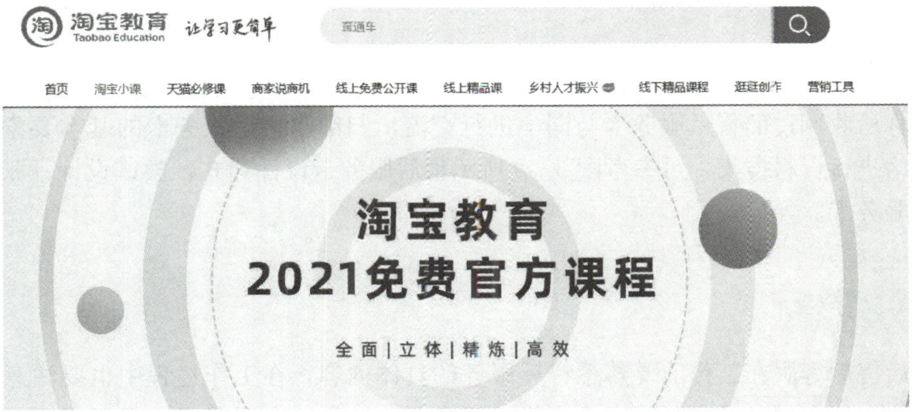

图 6-6 淘宝教育免费课程

3. 选择“客户服务”课程进行学习，如图 6－7 所示，明确网店售后客服的工作内容，填写在下面的横线上。

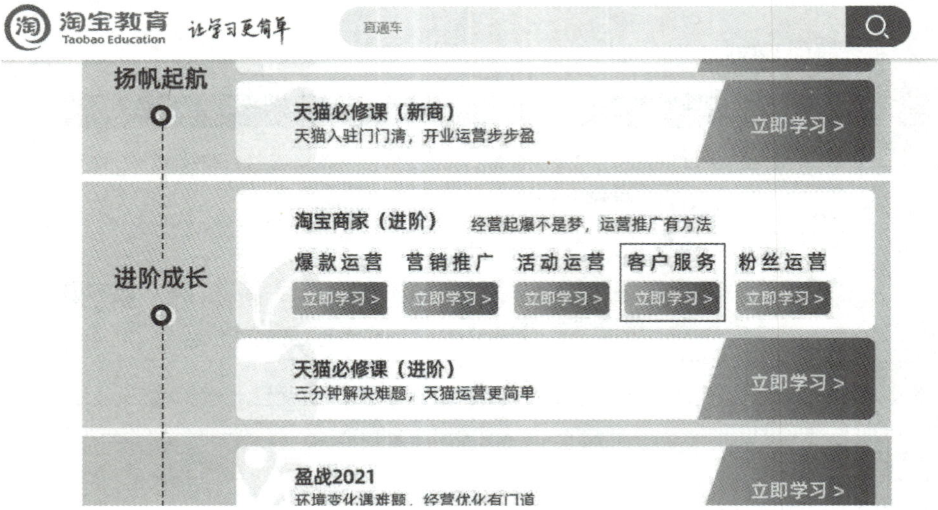

图 6－7　“客户服务”课程入口

售后客服的工作内容：____

____

____

STEP3　学会制作售后服务卡

小提示

大多数细心的商家会在包裹里放一张售后服务卡同产品一起寄出，这样做不仅可以降低出现售后纠纷的可能性，也能够方便顾客了解售后咨询渠道以及退换货注意事项等。

就你所收到过的售后服务卡与同学进行交流，归纳出售后服务卡的基本要素，然后借助网络进行资料搜集，可参考图 6－8 所示售后服务卡设计样式，尝试设计一张有特色的售后服务卡。

任务小结

网店售后客服在工作前要熟悉售后服务的具体内容，在工作过程中也要注意遵循换位思考、牢记底线以及实现双赢三大售后服务原则。售后客服只有掌握网店所在平台售后服务的基本操作方法，才能顺利地开展网店售后服务工作。

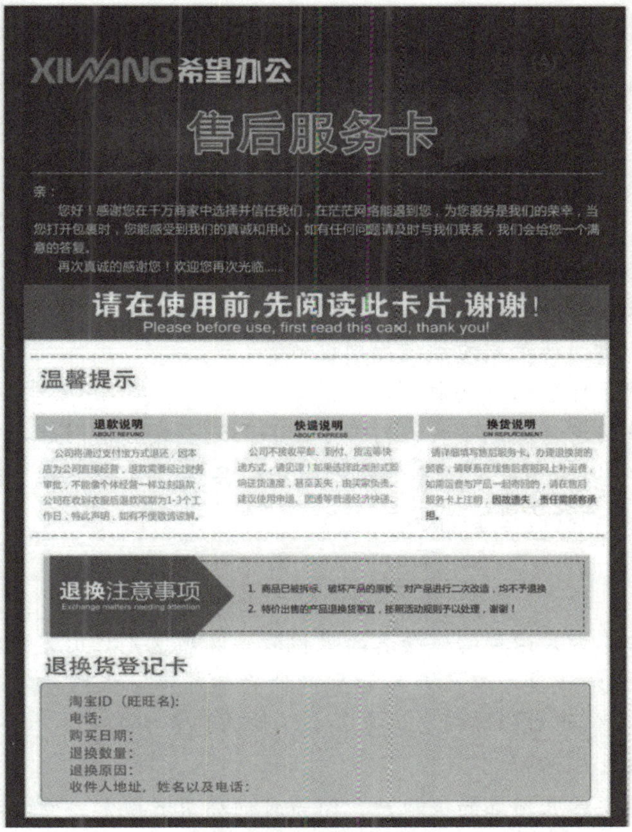

图 6-8 售后服务卡

任务二 学会售后服务方法与技巧

情景导入

在叮叮的指导下，娜娜了解到在售后问题的处理过程中，尽管顾客要求退货，店铺无法从该订单中获取利润，甚至赔付邮费，但只要处理得当，让顾客满意，该顾客还是有可能再次光顾，成为回头客的。因此，她下决心要让自己接待的每一个顾客微笑着离开，尽量让顾客成为店铺的回头客。

任务目标

★ 掌握退换货的处理方法和沟通技巧

★ 熟悉退款处理的方法与技巧

★ 提高抓“重点”、抓“关键”化解矛盾的能力，培养耐心、积极、真诚的工作态度

素养园地

×××官方旗舰店售后

某天，×××官方旗舰店售后部门接到一位客户的投诉。

客户："亲，在吗?"

售后："您好，欢迎光临×××官方旗舰店，我是售后客服 001，请问有什么可以帮您的?"

客户："我的皮肤过敏啊，怎么办?"

售后："您好，请问您是因为什么原因过敏呢?"

客户："就是用了你家的产品啦!"

售后："亲，请问您是用完了我们的哪个产品而过敏呢？请问您之前是不是有用过其他牌子的护肤品呢？因为如果用了其他牌子的护肤品然后再转用另一款的话会导致皮肤不适应，而产生类似过敏的现象哦。"

客户："没有啊，就是用了你家的啊。我第一次买了你家的，用完后就变成这样子了!"

售后："亲，给您带来这样的体验真的很抱歉。麻烦您先将用完护肤品身体过敏的部位的照片、产品、购物清单，以及产品的生产批次都各照一张照片发过来，我先收集这些资料，然后送给我们的质检部门去检查，会尽快为您解决的。"

客户："怎么这么麻烦啊!"

售后："亲，给您添麻烦真的很抱歉。因为我们公司有规定，需要相关凭证检测了才能受理。请您谅解!"

客户："哎，太麻烦啦，那等等吧。我现在忙啊。"

售后："好的。(微笑表情)"

第二天，客户还没有上线回复，店长打电话给客户。

店长："您好，请问是方小姐吗?"

客户："你是哪位啊?"

店长："您好，我是×××官方旗舰店的店长。昨天我们客服收集您的资料，关于您说用完我们的产品后出现皮肤过敏的现象，我们会给您尽快处理的哦，请问您现在有时间将产品、购物清单，以及产品的生产批次的图片发过来吗?"

客户："哦，那稍等啊。"

店长："好的，谢谢您!"

客户：(在线发图片。)

店长："亲，我是刚刚和您通电话的店长，之前给您不好的产品使用体验，非常抱歉！我们会尽快检测产品，如果是生产质量问题导致您的皮肤出现过敏的话我们会尽快给您处理的哦。请您先停用该产品，然后将该产品邮寄回我们的仓库，我们收到货后会给您处理的哦。请您放心!"

客户："好，请尽快给我处理哦。本想这产品不错的，出现这种状况真的不愉快。不过你们态度还算好，所以不追究了!"

店长："感谢您的谅解和一直以来对×××官方旗舰店的支持，我们一定会更严格地控制产品质量和不断地完善服务。”

最后，客服整理好客户的相关资料，将资料存档在系统中，该客户之后也有继续关注×××官方旗舰店的产品。

评析：

×××官方旗舰店的客服人员遇到问题立刻安抚客户，并明确表示查明原因后会全力解决，从主动打电话联系客户更可见客服是真心诚意解决问题的，及时道歉与感谢客户谅解更是留住了客户。

知识热身

退换货和退款是网店售后客服工作的主要内容，顾客由于某些原因对产品不满意，但愿意通过沟通协调来解决时，就需要售后客服来安抚和协调并给出顾客满意的解决方案。

一、退换货的处理方法

退换货是网店售后客服常见的工作，为了促进交易，很多商家用“7 天无理由退换货”“试好了再买”等推广方式来吸引更多的顾客，这也无形中增加了产品退换货率。

网店售后客服在遇到退换货时要遵循“能留则不换，能换则不退”的原则，以降低退货率，提高成交率。另外，还要仔细阅读网店关于退换货的规定，并认真执行。

售后客服并不是在任何情况下都能接受顾客退换货，因为退换货还涉及运费问题。在商家没有提供“7 天无理由退换货”服务的情况下，客服人员一般可参照以下三种建议进行处理，见表 6－1。

表 6－1　商家未提供“7 天无理由退换货”服务时的售后处理建议

退换原因	处理方式
商品质量问题	属卖方责任，应无条件退换，并承担来回运费；或劝顾客自留，以适当补偿方式替代
商品尺寸不符或顾客个人原因不喜欢	可提供退换，但一般由顾客承担来回运费；或劝顾客将商品赠送他人，重下订单
顾客无理取闹，商品不符合退换条件（如衣物已被穿洗）	顾客违规使用导致商品损坏或不符合退换条件，可直接拒绝其退换与赔偿要求

退换货处理的具体操作方法，如图 6－9 所示。

二、退换货的沟通技巧

扫一扫

退换货的沟通技巧

在处理退换货问题时，不管顾客退换货的理由是什么，网店售后客服都要礼貌待客，注意沟通技巧，尽可能在最短的时间内用最有效

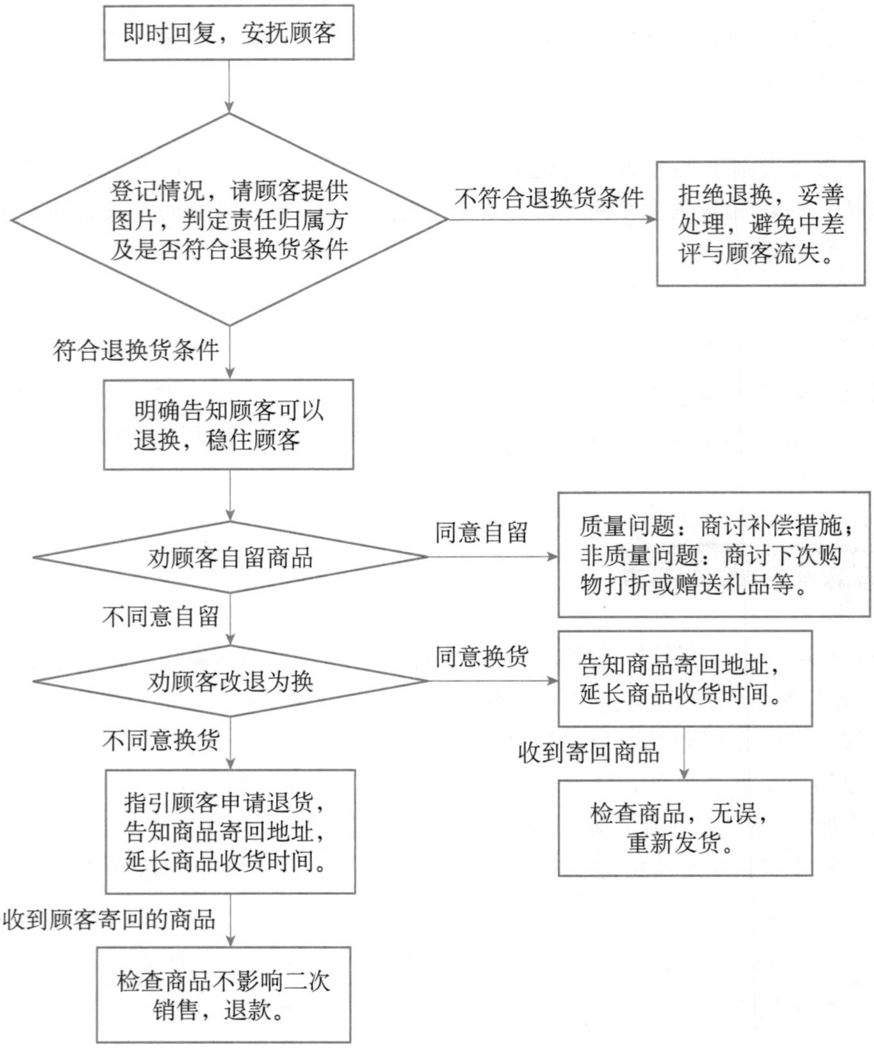

图 6-9 退换货处理的具体操作方法

的方式来解决问题，让顾客知道商家不会逃避责任，增加顾客对商家的信任感。即使是产品质量问题需要退换货，顾客也会因为客服的贴心服务而对商家产生良好的印象。常见的沟通技巧有以下五种。

1. 分析原因技巧

当顾客要求退换货时，要注意不要马上去追究是谁的责任。商家都不喜欢顾客退换货，尽管如此，售后客服还是要温和对待顾客，等顾客的情绪稳定下来，再询问具体情况。

例如："亲，不要着急，我马上为您解决。您是什么原因要退货呢?"在顾客说明原因后，要进行详细记录，如果是商品质量问题要让顾客拍照举证。收到照片后分析问题出在哪里，责任方是谁，再与顾客进行协商。

2. 劝留劝换技巧

（1）顾客个人问题。顾客收到商品后，经常会因为个人原因而要退换货，比如颜色问题、尺寸问题等，在商家没有提供“7 天无理由退换货”服务的情况下，这些都属于买家的责任，客服应明确告知顾客退换货的条件以及运费承担问题。

例如：“亲，很抱歉我们的商品没能让您满意！要退换的话请亲确保商品不影响二次销售哦，而且运费由亲承担呢。”

稳住顾客后，进一步为顾客权衡利弊，劝其留下商品，再另拍。

例如：“亲，其实您完全可以留下商品，送给合适的亲戚朋友的，也可省了退货的运费。”“亲，是否考虑将商品留下，转送给朋友，再重新拍其他款式，小二这边为您申请一份小礼物，现在下单，马上为您安排发货！”

不同商品有不同的退货条件，比如服装要确保没有下过水，吊牌没剪；电器要确保配件、说明书、包装盒等都没损坏；等等。淘宝网上关于商品退换条件的规定见表 6－2。

表 6－2 商品退换条件（以淘宝网为例）

类目名称	特殊完好标准
运动鞋	（若有）防盗扣、防损贴且不影响合理试用，不可剪掉、撕毁。
洗护清洁剂/卫生巾/纸/香薰	洗护类（若有）商品一次性密封包装未拆封。
美发护发/假发	美发护发类（若有）商品一次性密封包装未拆封。
美容护肤/美体/精油	（若有）商品一次性密封包装未拆封。
彩妆/香水/美妆工具	（若有）商品一次性密封包装未拆封。
数码家电行业（除相机、大家电）	1. 进网许可证未损坏（毁）； 2. 未有浸液。
数码相机/单反相机/摄像机	单反相机类商品快门次数不超过 20 次。
大家电	1. 液晶电视、空调允许简单通电调试，不得上墙安装使用； 2. 洗衣机不得过水使用。
ZIPPO/瑞士军刀/眼镜	ZIPFO 类商品棉芯不得注油使用，打火轮、火石无明显磨损。
模玩/动漫/COS/桌游	模型、BJD 类商品内包装（若有）胶条、塑封不可拆。
电子元器件	1. 未进行过焊接操作； 2. 集成电路未在 IC 底座上安装； 3. 易耗品（导热硅脂/导热膏、电子胶/灌封胶/密封剂/黏合剂、导电胶、导电墨水）一次性密封包装未拆封。
一级类目“电玩/配件/游戏/攻略”下的二级类目“游戏软件”	（若有）商品外包装一次性密封包装未拆封。

续表

类目名称	特殊完好标准
一级类目“宠物/宠物食品及用品”下的宠物食品、保健品和药品	（若有）商品外包装一次性密封包装未拆封。
杂志/图书	1.（若有）商品一次性密封包装未拆封； 2. 商品无折痕、水渍、污损、字迹、阅读痕迹。
一级类目“畜牧/养殖物资”下的二级类目“饲料”“动物保健品/兽药”	（若有）商品一次性密封包装未拆封。
一级类目“农用物资”下的二级类目“种子/种苗”“农药”“肥料”	（若有）商品一次性密封包装未拆封。
食品（含保健食品）、化妆品、医疗器械、计生用品、个人护理用品、成人用品、婴儿尿片、图书、音像制品外包装被一次性密封的，不得拆封。 “密封”系指：商品外包装被生产厂商加了封条（签）或整体塑（密）封的包装措施。	

（2）质量问题。如果商品出现质量问题，在顾客提供照片后，确认是质量问题，属于卖家的责任，需要再次真诚地向顾客道歉，稳住顾客。

例如：“亲，是我们的包装人员在打包时由于匆忙没有检查好商品，非常抱歉给您带来了麻烦，这边无条件为您退换货。”

对于一些并不影响使用的质量问题，比如衣服有线头、勾线、扣子掉了，产品有污渍、有划痕等，可劝说顾客留下商品，并给予一定的补偿。

例如：“亲，其实您可以考虑将商品留下，小二这边帮您申请相应的补偿！”

如果顾客同意留下，那店铺既能省了来回运费，又能达成交易，留住顾客。要是顾客“狮子大开口”，要求赔偿的金额高于店铺能承受的，影响店铺利益，那售后客服就该果断拒绝。

例如：“亲，您提出的解决方案小店实在无法承受，这样吧，小二帮您退换货，期待亲的下次光临！”

确定顾客需要退换货后，要第一时间将收货地址、收件人、联系电话发给顾客，请顾客选择快递寄出，并承诺将在收到货物后 24 小时内处理。

3. 跟进并告知技巧

顾客进行退换货时，首先担心的是问题能否得到解决，其次是担心需要多长时间才能解决。作为网店售后客服，我们在提供服务的时候也要注意时时让顾客放心，售后处理进行到哪一步，都应该及时告知顾客。

例如：“我们已经在为亲申请了，请您稍等！”“亲退回的包裹已经收到了，检查无误后马上为您办理退款。”“亲，款项已经退至您的支付宝，请查收！”

处理好退换货以后，要对顾客适时做个回访。

例如：“亲，为您换的商品您还满意吗？”“亲，退货费用收到了吗？”

通过及时回访，不仅能消除顾客心中的不满，还能增加顾客对店铺和商品的印象，增加彼此之间的友好度。

4. 拒绝技巧

若销售的是不可退换类目的商品，但顾客执意要退换，怎么办？比如定制类商品不属于无理由退换货范畴，那么客服在与顾客沟通时要明确告知原因。

例如：“亲，个性化定制商品是不支持退货的，宝贝详情页面有说明，下单时也提醒过亲，请您理解！”

另外，在向顾客解释说明不同意其退换货申请的同时，客服可适时地加以引导，既能够让顾客理解，又能挽留顾客，为下一次交易预留空间。

例如：“亲，这款商品一旦售出就没办法退换货了哦。不是我不给您退换，您知道，内衣是贴身衣物，关系到个人健康，所以我们得坚持原则，要是您强行退回，这商品我们也不可能再卖出去了，请您谅解。再说如果能退换货，意味着我们发给您的商品可能是退换过的，您来购买也不放心，对吧？希望您和我们一样，遵守规定哦，谢谢您的配合！小二这边私下给您发张十元代金券吧，下次购买能抵用！”

5. 保护自己技巧

接收到顾客关于商品有各种质量问题的图片后，售后客服应存档到相应的文件夹里，图片名改为对应顾客的 ID，以备查询。

经过协商后要退换货的订单都要进行备案，并注明原因，记录处理进程，处理好的与未处理好的要分开标注。

碰到无理取闹的顾客，售后客服要养成随时将聊天记录截屏的习惯，懂得保留证据保护自己。

小提示

淘宝网将商品售后服务分为不支持“七天无理由退换货”、卖家可选支持“七天无理由退换货”和必须支持“七天无理由退换货”，详见表 6－3。

表 6－3 商品售后服务分类

分类	商品类型	商品举例
不支持“七天无理由退换货”	一、买家定做的，定制类商品	个性定制、设计服务
	二、鲜活易腐类商品	鲜花绿植、水产肉类、新鲜蔬果、宠物
	三、在线下载或者买家拆封的音像制品、计算机软件等数字化商品	网游、话费、数字阅读、网络服务、电子凭证
	四、交付的报纸、期刊	订阅的报纸、期刊
	五、服务类商品	本地服务、代购服务
	六、闲鱼市场个人闲置类物品	—
	七、二手、竞拍商品	—
	八、人体用药	—

续表

分类	类型	商品举例
卖家可选支持“七天无理由退换货”	九、一经激活或者试用后价值贬损较大的商品，商用商品，或者短期内价值频繁波动的商品	智能商品、商用厨电、黄金等
	十、拆封后影响人身安全或者生命健康的商品，或者拆封后易导致商品品质发生改变的商品	食品、保健品、贴身用品、成人用品等
必须支持“七天无理由退换货”	十一、除以上十类商品外的所有品类商品，均需支持“七天无理由退换货”	服装服饰（除贴身用品）、数码产品及配件、家纺居家日用、母婴用品（除食品、贴身用品）、宠物用品（除食品、药品）、图书、珠宝钻石类、家具、家电等

三、退款处理的方法与技巧

1. 退款处理的基本操作方法

卖家对退款处理的基本操作方法如图 6－10 所示。

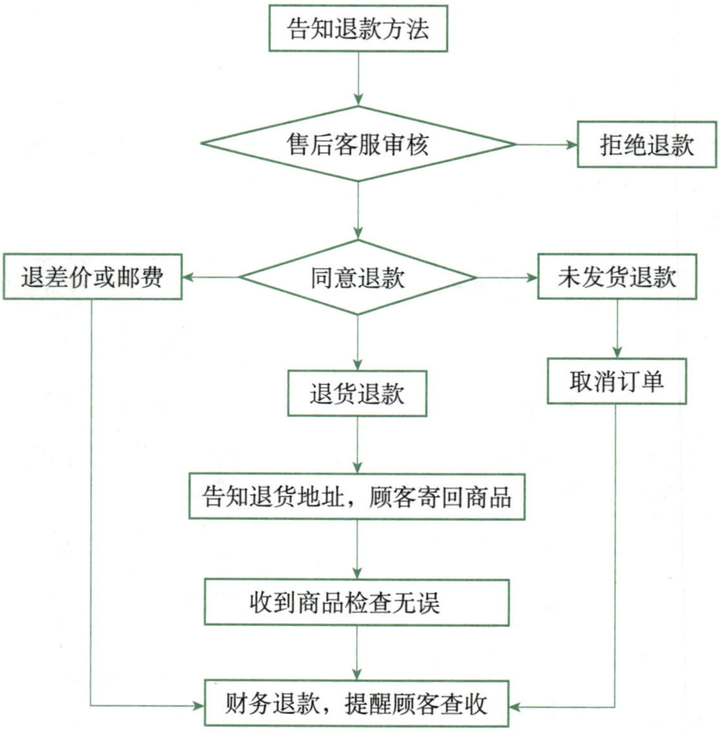

图 6－10　卖家对退款处理的基本操作方法

售后客服要指引顾客正确完成退款程序，必要时告知顾客申请退货/退款的操作方法，如图 6-11 所示。

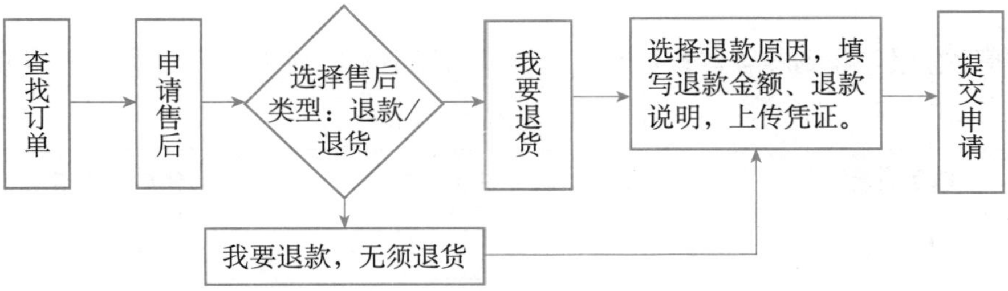

图 6-11　买家申请退货/退款操作方法

在处理售后问题的时候，经常会涉及退款，常见的退款情况有三种：退货退款、退差价或邮费、未发货退款。

（1）顾客要求退货退款时，在其提交退款申请后，售后客服要第一时间进行审核。审核无误后，同意顾客的申请，顾客再提交退货物流信息。等售后客服收到包裹检查无误，再给顾客退款，确认顾客收到退款则交易结束。

（2）给顾客退差价或邮费而无须退货时，在顾客提交退款申请后，售后客服第一时间进行审核，审核无误后同意申请，退款给顾客，确认顾客收到退款则交易结束。

（3）在未发货状态顾客提交退款申请时，售后客服应马上撤单，同意申请并退款给顾客，确认顾客收到退款则交易结束。

2. 退款处理的技巧

（1）及时处理。在顾客申请退款后，售后客服要注意平台规定的退款时间，及时进行处理，不要超时，否则系统会在规定时间内自动达成退款协议，默认卖家退款。

处理后要告知顾客，如："亲，您的退款申请已经通过，小二已经将您的退款申请提交给财务人员，财务人员将在 24 小时内退款，退款成功会告知您。"

（2）耐心指引。和顾客协商好退款方案后，售后客服要告知顾客提交退款申请，如遇到顾客不懂操作，要耐心指导，通过发送网址或者截图示例等方式协助顾客完成退款申请。

任务实施

本任务以淘宝网为例进行学习，熟悉退换货和退款的售后工作。具体安排如图 6-12 所示。

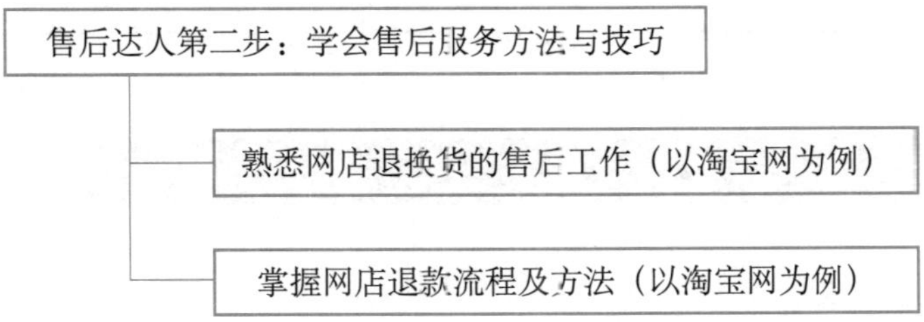

图 6-12　学会售后服务方法与技巧

STEP1 熟悉网店退换货的售后工作（以淘宝网为例）

1. 售后客服在碰到顾客退换货时，应注意沟通话术的使用，请完成表 6-4 的填写。

表 6-4 退换货沟通话术

具体问题	售后客服话术 1	售后客服话术 2
不喜欢		
色差问题		
大小问题		
物流导致的质量问题		
产品本身质量问题		
发货或物流太慢，欲退货		
欲退换不可退换的产品		

2. 搜集整理淘宝网退换货流程的相关信息，完成表 6-5 的填写。
提示：写出退换货流程即可，无须填满表格。

表 6-5 淘宝网退换货流程

步骤	买家操作流程	卖家操作流程
1		
2		
3		
4		
5		
6		
7		
8		

STEP2 掌握网店退款流程及方法（以淘宝网为例）

1. 淘宝网退款流程。

（1）登录淘宝网平台进入卖家中心，在“我的应用”栏中选择“客户服务”组，单击“退款管理”，即可通过“我收到的退款申请”查看顾客申请退款的详情和退款状态，如图 6－13 所示。

图 6－13 退款管理

（2）直接点击还未审核的订单，依据退换货条件依次进行审核即可。

2. 退款原因分析。

收集退款的相应信息，分析不同审核结果可能带来的不同影响，完成表 6－6 的填写。

表 6－6 退款审核

审核结果	可能带来的影响
同意退款申请	
拒绝退款申请	
申请淘宝官方介入	
逾期未处理	

任务小结

当顾客对购买的产品不满意时，第一时间联系的就是售后客服，特别是需要退换货的时候，都希望能有网店售后人员协助完成相关操作。因此，售后客服一定要熟悉退换货的售后工作流程和退款流程。

任务三 正确对待及处理顾客反馈

情景导入

经过多日学习，娜娜发现并非所有的顾客在售后问题上都是怒气冲冲、不讲理的，其中不乏真心为网店提出好的建议，切实指出做得不到位之处的顾客。他们的反馈颇具价值，值得认真对待。此时的娜娜已经能够初步感受到客服这一岗位的工作价值，即不仅能为顾客解决问题，也能和网店共同成长。

任务目标

★ 了解顾客反馈的内容

★ 明确正确处理顾客反馈的意义

★ 掌握商品评价回复的技巧

★ 深刻体会忧患意识中饱含的责任意识，激发强烈的责任感、使命感

素养园地

曲突徙薪

从前有户人家，灶上的烟囱笔直地冲着屋檐，灶口堆着许多柴草。烧火煮饭时，浓烟夹着火星，直往屋檐上冒，椽子已经被熏得又黑又焦。灶膛里的炭火掉在柴草上，就得赶快扑打弄灭。有人看到这种情形，对那家主人说："这样太危险了，弄不好要发生火灾的。应当把烟囱改成弯的，不要冲着屋檐，这样火星就不会飞到椽子上去了。要把灶口的柴草搬开，烧火时就算有炭火掉下来，也不要紧。"

那家主人说："我家的炉灶砌了好多年了，烟囱一直是这样，从来没有什么事，用不着改。烧火的时候灶口总有人，就算有炭火掉下来，马上就扑灭了。再说，改烟囱多费事，柴草不在灶口多不方便。"

主人不听那人的劝告，依然照旧。没过多少天，果然失火了，左邻右舍赶快来救火，生怕火势蔓延开。幸亏发现得早，扑救及时，终于把火灭了。

那家人置办了酒席，感谢邻居们奋力相救。伤势最重的人坐在首席，其他人也按功劳大小依次就座，就是没请建议他们把烟囱改弯、把柴草从灶口搬开的那个人。有人提醒主人："当初要是听了那个人的改烟囱的意见，就不会发生火灾了。要是不发生火灾，大伙儿不会受伤，你家也不会受损失，更不要破费钱财置办酒席。要说功劳，数他的功劳最大，你为什么把他忘了？"

主人听了这番话，觉得很有道理，连忙恭恭敬敬地把那个人请来，向他表示感谢，让他坐在首席。

评析：

忧患意识是中华民族源远流长、永不枯竭的一种文化精神。孔子说："人无远虑，必有近忧。"我们做事要周密考虑、长远谋划，才能防患于未然。对于网店来说，顾客异议时刻存在。客服人员在面对顾客异议时，应自觉增强忧患意识与危机意识，清醒认识顾客对网店或产品的接受程度，细心探求顾客需求的真实性，力求从顾客的不满意中获得更多关于改进产品、改善服务的信息，从而做到未雨绸缪、防微杜渐，化异议为动力，化危机为契机。

知识热身

一、顾客反馈概述

顾客反馈，指的是顾客跟卖家描述他所购买的产品或得到的服务的质量。常见的顾客反馈信息主要分为产品质量、产品包装、客服态度、快递服务和售后服务五个方面，如图 6－14 所示。

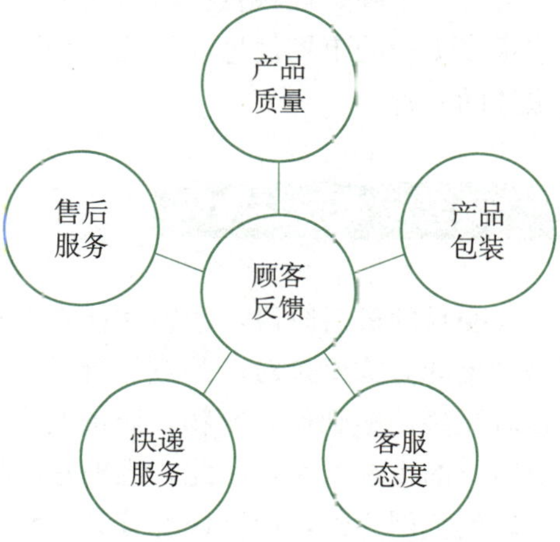

图 6－14 顾客反馈的内容

售后客服应懂得区分顾客反馈的信息为有效反馈还是无效反馈。所谓无效反馈，就是一些没有实质性描述的客套话或者概括语，如超赞、还不错、挺好的；而有效反馈则是具体反映服务质量或产品质量的好坏，比如××客服服务到位、产品的某个功能很好、产品哪方面需加强、快递太慢等。

对于有效反馈，不管顾客是赞赏、建议还是求助，客服都要认真对待，并记入"顾客反馈登记表"。

当收到顾客的赞赏时，要第一时间感谢顾客。在顾客对客服的服务表示肯定时，要登记计入员工绩效以激励员工；在顾客对产品表示肯定时，也要登记以作为以后产品宣传的亮点。

当顾客提出建议时，应及时表示感谢并将其记录，随后向有关领导汇报反馈。

例如："亲的建议很好呢，我会将您的建议向领导汇报的，感谢亲的建议，谢谢您的支持。"

如果顾客的建议被采纳，可以再次联系顾客，将详细情况告知以示尊重，或者提供相关小礼品，借机推广产品以引导消费。

例如："亲，我们根据您的建议将包包升级了哦，您可以推荐朋友来购买哦，同时本店最近上了很多新货，来逛逛吧。为了感谢您的宝贵意见，小二这边给您准备了小礼物呢，下单时会一起给您发出哦。"

当顾客因有困难或问题向客服求助时，客服能立即解答的应当立即解答，无法第一时间解答的则在"顾客反馈登记表"上记录清楚，并在向相关部门人员了解具体情况后及时答复顾客，然后在登记表中备注相应处理结果。不能以各种借口推托不予解决处理，使求助演变成投诉。

二、正确处理顾客反馈的意义

当顾客对卖家的服务和品质有所期待时，顾客往往会做出反馈行为。因此，客服在工作过程中应正确对待顾客的抱怨，意识到这是顾客给予的第二次机会。若处理得当，约有 75％的顾客下次还会购买；若处理不当，顾客不仅不会再次购买，而且有可能将不满告知他人，影响卖家的声誉。

另外，正确处理顾客反馈不仅可以有效阻止顾客流失，减少负面影响，还可以从中获取很多免费的市场信息。因此，真实的顾客反馈，往往有助于店铺产品质量的提升以及服务的完善。

三、顾客反馈应对技巧

扫一扫

顾客反馈应对技巧

在交易的最后阶段，顾客往往会对产品的好坏进行反馈，其中使用最频繁的方式就是对产品进行评价。鉴于网络购物的特殊性，潜在消费者无法接触到产品实物，店铺及产品的信用评价就会成为顾客购买决策时的重要参考，因此，维护好产品的信用评价对于店铺来说非常重要。

以淘宝网为例，商品评价分为好评、中评和差评三个级别。买家评价商品后，卖家需要给予回复，真诚地对待买家的评价十分重要。如果出现中评或差评，买卖双方可以进行协商，在 30 天内完成修改或删除处理，如图 6－15 所示。在评价生效后 30 天内，如有需要，卖家也可以就评价进行一次回复，以进一步说明卖家的观点或给出相应解释。

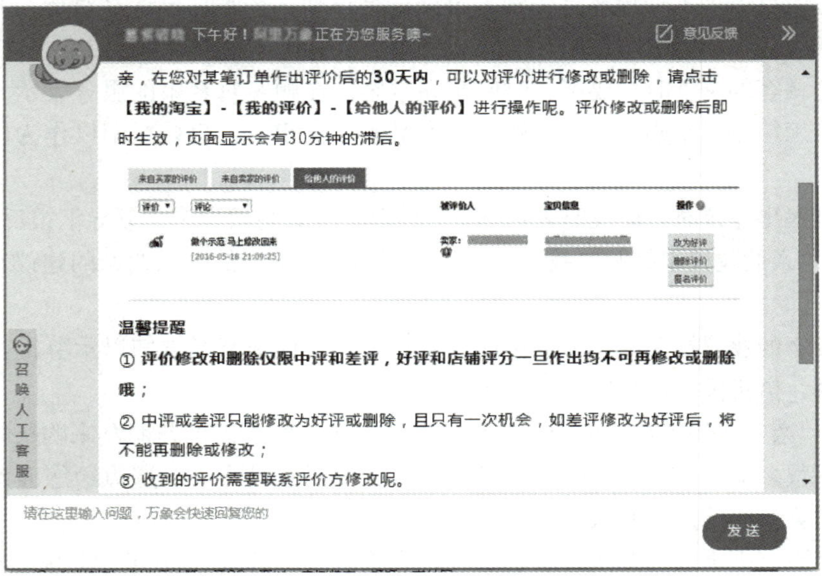

图 6－15　修改或删除评价

常见的回复技巧有以下三种：

1. 为好评致谢

好评表示顾客对商品或服务的质量较为认同，同时也意味着顾客将来有可能成为店铺的回头客，因此需要售后客服用心对待，适时地给予回复并表示感谢，从而增进卖家和顾客之间的感情。

例如：

“感谢您对我们的支持，您已成为我们的会员，享受本店特价优惠活动，欢迎您再次光临！”

“好买家！感谢您对我们的支持！祝您每天都能拥有阳光般的好心情！服务不周的地方还希望亲多原谅^_^请相信我们一直都在努力！”

“感谢您一如既往的支持，感谢您和我们一起见证××的辉煌，我们将不断完善，争取做得更好，回报您的厚爱，谢谢！”

在感谢顾客时，还可以根据其评论的具体内容回复商品使用的一些实用小建议。认真的回复，能够让顾客获得一种被重视、被服务的真实感。

小提示

回应顾客好评时，切忌每个好评都重复使用相同的内容，虽然这是很小的一个细节，但如此做法就体现不出对顾客的重视，反而可能呈现出一种机械式的敷衍了事，让这一工作失去意义。

2. 为中、差评致歉

顾客在购物过程中，对商品质量、物流速度或服务态度等诸多方面表示不满时，会给出中、差评，这是让卖家非常头疼的事情。售后客服要积极响应顾客的中、差评，不能无视不管。售后客服应找准时机，尽最大的可能让顾客修改中、差评。

售后客服在回复评价时，首先要对顾客的支持和信赖表示感谢；其次，简要描述交易过程，理清事实，让浏览评价的潜在顾客清楚责任方；再次，若是有失误，则要勇于承担，不是己方责任时也应积极解释，争取顾客的谅解；最后，要以再次感谢结尾。

例如：

“您好！这个确实是我们的问题，由于我们的仓库人员没有及时将宝贝做分拣，所以导致发到您手上的宝贝有些瑕疵。您可以随时联系我们进行退换货，我们承担来回运费，很抱歉给您带来不便！在此，作为店主我郑重承诺，后续购买的买家请放心，类似情况绝对不会再发生，我们承诺宝贝质量问题本店永久提供售后服务。”

“亲，谢谢您的光临。我们店铺 7 天无理由退换货服务从未改变过哦，如果是质量问题，我们承担来回运费给您退换货哦，但是您说不合身要我们承担运费给您退换货，小本生意我们亏不起呀，如果您一定要我们承担运费退换货否则就给差评的话，我们也没有更好的解决办法了，请各位买家朋友谨慎挑选哦。”

当解决不了中、差评问题时，售后客服还可通过短信或电话方式联系顾客，但要避免有骚扰顾客的嫌疑。与顾客沟通达成一致后，详细告知顾客修改中、差评的操作步骤。当顾客修改了中、差评，一定要礼貌地致谢。

例如："您好！我是××店售后客服，我们通过电话的。修改评价的步骤为：登录淘宝网，打开'我的淘宝'页面，在左边导航'我的交易'中找到'评价管理'，在'给他人的评价'中找到给我们店的那条评价后面有个'改为好评'，您点一下'改为好评'就可以了！再次感谢您的谅解，祝您万事顺心！"

3. 对恶意差评不妥协

恶意差评，指的是顾客或同行竞争者购物后以中、差评的方式谋取额外财物或其他不当利益的行为。网店在经营过程中，难免会遇到防不胜防的无良买家恶意差评，尤其是同行恶意差评（即某家店铺故意购买竞争对手的商品，在评价上诋毁同行商品，从而打击竞争对手）。给出恶意差评的顾客往往会通过对所购商品的恶意诋毁，向商家提出不合理的要求，如返现等。

小知识

"职业差评师"

"职业差评师"，顾名思义，就是靠给别人差评生活的人，是由网购催生的新兴职业。淘宝网上有一些恶意买家做"职业差评师"，专门以给网店差评为手段索要网店钱财，甚至还出现多人合作的"团伙作案"。而"淘大搜"平台的查询功能及淘宝网开通拉黑买家的功能，目的就是为了解决"职业差评师"对卖家权益的侵害问题，防止给淘宝卖家造成巨大的伤害。

律师表示，"职业差评师"的行为属于侵权行为，严重时会涉嫌敲诈勒索。

"职业差评师"的常见手段有以下四个特点：

第一，"职业差评师"一般不会选择本地的卖家下手。

第二，"职业差评师"通常挑选 2 钻至 4 钻或旺铺版 2 钻以下信誉的卖家，特别是 1 钻以下旺铺版的卖家是他们的主要敲诈对象。

第三，"职业差评师"收到货后只说不好，不愿意拍照证明，引诱卖家打电话，最后才在电话里说要钱。聊天记录完全找不到他讹诈的任何证据，卖家的投诉自然也就很难成立。

第四，"职业差评师"购买的东西一般是容易脱手的东西，这样便于转手换回现金。

遇到恶意差评时，如果与顾客沟通不顺利，必须在评价回复时详述合理解释进行维权。

例如：

"各位买家朋友，小店亏本经营，这位亲还恶意挑刺，他自己不喜欢这个宝贝我同意他退货，他非要我承担来回运费，淘宝官方已经判定了不支持他，其行为属于过度维权。他气急败坏给了我差评，我也没有办法。我再次承诺，本店售后服务非常标准，7 天无理由退换货，不影响二次销售的都可以退换，请各位亲放心购买。"

"亲们，请大家记住这个买家，他买了我们的宝贝，什么都没问，也没有联系我们直接给了差评。经过我们跟淘宝网官方的联系核实，此人为同行，看到我们的宝贝卖得好就恶意竞争，这是可耻的行为。本店本着全心全意为消费者服务的理念经营，遇到这样的同行真的让我们卖家很伤心，不过淘宝网官方已经对该卖家警告处理了，请大家在本店放心消费。”

任务实施

本任务以淘宝网为例，掌握回复商品评价操作流程、回复商品评价的技巧和恶意评价维权的方法。具体安排如图 6－16 所示。

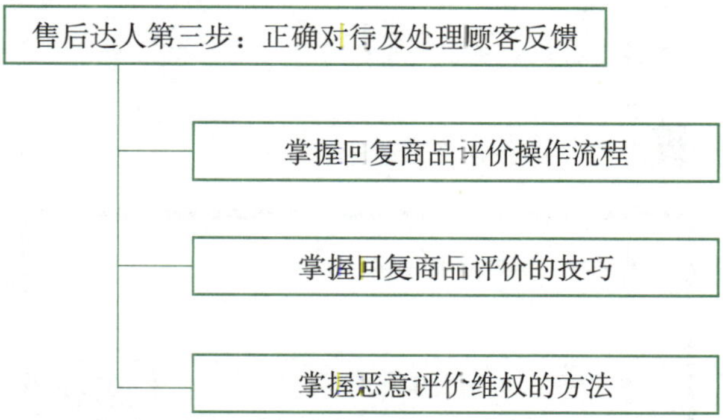

图 6－16　正确对待及处理顾客反馈

STEP1　掌握回复商品评价操作流程

1. 登录淘宝网“卖家中心”，在左栏“我的应用”中，单击“交易管理”组中的“评价管理”，即可打开评价管理页面，如图 6－17 所示。

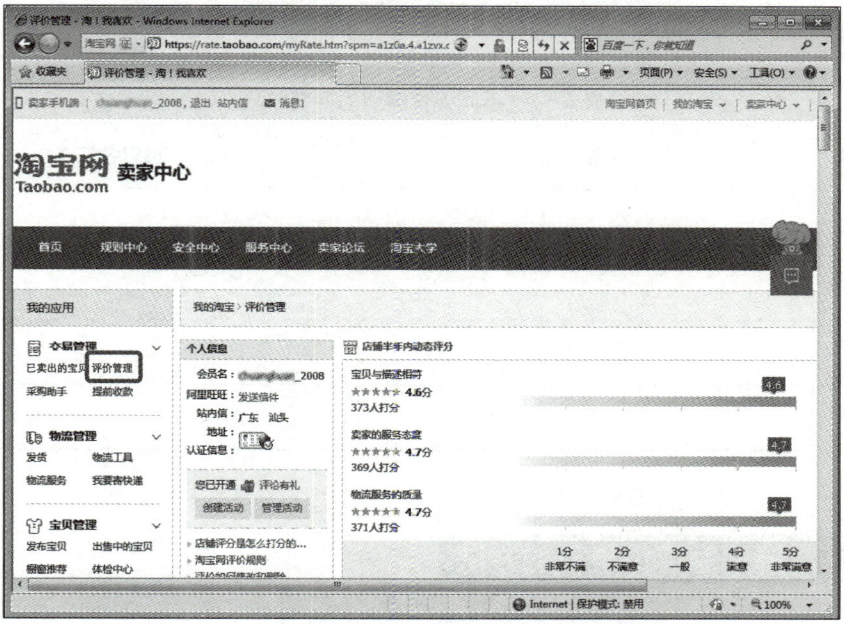

图 6－17　淘宝网-评价管理

2. 在“来自买家的评价”板块中，可查看不同买家的具体评价。查看每个订单的买家评价后，单击“回复”按钮，在弹出的评价窗口输入回复买家评价的具体内容，再单击“发表回复”按钮，即可完成操作，如图 6-18 所示。

图 6-18　查看并回复买家评价

STEP2　掌握回复商品评价的技巧

针对不同类型的商品评价有不同的回复技巧，根据所学，将具体的注意要点及回复技巧填入表 6-7 中。

表 6-7　不同评价类型的回复技巧

评价类型	注意要点	回复技巧
好评		
中评		
差评		
恶意差评		

STEP3　掌握恶意评价维权的方法

当售后客服发现顾客恶意差评时，要及时发起维权。登录淘宝网规则首页，搜索

“评价规则”并阅读《淘宝评价规范》及《淘宝规则》，完成表 6-8 的填写。

表 6-8 恶意评价维权须知

项目	具体要求
维权的操作流程	
维权需提供哪些凭证	
哪些情况无法维权	
淘宝多久介入处理	

任务小结

售后客服要端正态度，正确对待及处理顾客反馈的信息，并收集整理后提交给相关人员，以改进店铺的经营。当然，对于个别顾客的恶意差评要坚决抵制，及时维权。

任务四 处理顾客投诉

情景导入

叮叮给娜娜看了一组有关顾客的调查统计数据：顾客对产品不满意，也不投诉，会再次购买的只有 9%；顾客投诉但没得到妥善解决，会再次购买的有 19%；顾客投诉并得到解决，会再次购买的有 44%；顾客投诉得到迅速解决，会再次购买的有 82%。看完这组数据后，娜娜知道，售后客服人员的核心工作之一是处理顾客投诉，及时并正确处理顾客投诉可以将“坏事”转变为好事。

任务目标

★ 理解顾客投诉的概念

★ 掌握处理顾客投诉的方法和技巧

★ 树立正确积极对待顾客投诉的态度，学会用“一分为二”的观点看待顾客投诉

素养园地

矛盾分析法

矛盾分析法是马克思主义社会学的基本方法之一，对研究社会现象具有普遍适用性。它不仅能说明现在，而且能预测未来，尤其对宏观的、复杂的社会现象和社会问题的研究，有独到的作用。矛盾分析法包括：一分为二地看问题，具体问题具体分析，抓住重点和主流，坚持两点论和重点论的统一。

矛盾分析法是定性分析的方法。运用这一方法，必须坚持对立统一的观点，从统一中看到对立，从对立中看到统一。具体来说，一是必须坚持“两点论”，防止片面性，切忌“顾此失彼”；二是必须坚持“重点论”，善于把握主要矛盾和矛盾的主要方面，突出重点，抓住关键；三是必须坚持“矛盾的普遍性和矛盾的特殊性相结合”，既要分析事物的具体情况，也要注意不要使具体的事物脱离普遍联系；四是必须坚持“发展论”，分析矛盾的动态，防止思想僵化。

评析：

顾客投诉几乎是每一个企业都会遇到的问题，处理好顾客投诉事件是企业提升服务水平的重要环节，其中就蕴含了丰富的马克思主义“矛盾分析法”重要思想。

马克思主义矛盾分析法要求我们看问题要一分为二，坚持“两点论”。即要看到是与非、善与恶、美与丑、正与反、正确与错误、优点与缺点、先进与落后、主体与客体等两个方面，不能只重视和强调一个方面而忽视和否定另一方面，否则就会出现差错。顾客投诉就像企业遇到的小型“危机”，若能正确对待，并根据投诉原因及时、合理进行处理，就可以迅速化解顾客的抱怨和不满，变“危机”为“良机”，再度赢得顾客信任，提高顾客对企业的美誉度和忠诚度。反之，则会扩大企业的负面效应，极大影响企业信誉和口碑。具体问题具体分析是马克思主义哲学活的灵魂。具体问题因其背景等因素的不同，会呈现出千差万别的形态，因此在分析某一具体问题时，不能只看普遍性，更应该注重分析其区别于其他事物的特殊性。处理顾客投诉，不能用千篇一律的方式解决每一个矛盾，而是要针对不同投诉事件的起因、发生过程，以及不同投诉顾客的性格特点、心理需求，采取“特别”的方式去化解矛盾，解决问题。只有耐心倾听，适时提问，找准问题的“症结”和解决问题的关键点，并与顾客形成共鸣、达成共识，才能快速有效地解决问题。

知识热身

一、顾客投诉的概念

所谓顾客投诉，是指顾客对企业产品质量或服务不满意而提出的书面或口头上的异议、抗议、索赔以及要求解决问题等行为。正是因为企业提供的产品或服务与顾客的期望值之间存在差距，才会出现顾客投诉。企业只有正确认识顾客投诉，满足顾客的需求，才能吸引顾客、占有市场。

小知识

顾客投诉的“是”与“非”

没有接到顾客投诉或者投诉率低，并不表示该企业的商品或服务比较好，而往往只是因为顾客不认为通过投诉可以解决问题，所以他们不会选择主动投诉，而是不再回购，同时将其对商品或服务的不满传递给身边的亲友，这种不良口碑的传递也就随之会影响企业的声誉与形象。相反，对于会选择投诉的顾客，表明顾客希望企业能够改进，能提供更好的产品和服务。企业通过对顾客投诉的受理，不仅可以了解顾客的需求与意愿，同时也能够再次发现商品或服务存在的不足和问题，不断改进，进一步积累顾客群。

二、处理顾客投诉的方法与技巧

扫一扫

处理顾客投诉的方法与技巧

一般情况下，顾客主要会针对商品质量、物流以及客服人员服务态度等问题进行投诉。售后客服在接到投诉时应尽快处理，原则上不能超过3个工作日，特殊情况也不能超过7个工作日。售后客服在接到顾客投诉的时候，要注意不要烦躁，更不要直接拒绝顾客。针对问题性质的不同要分类登记，依据相关处理办法及时进行纠正整改。若是因顾客误解而引起的投诉，售后客服要耐心做好解释工作，以消除误会；若发现责任在于顾客，也不要直接提出，并要杜绝和顾客发生冲突。在处理顾客投诉时要注意遵循以下流程，如图6-19所示。

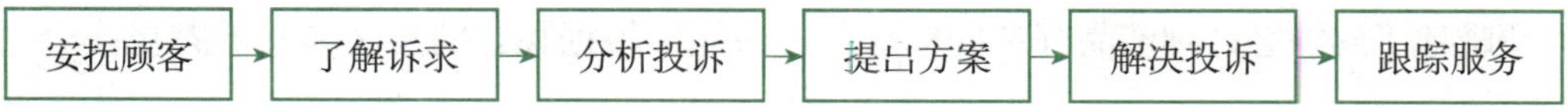

图6-19 处理顾客投诉流程

遇到顾客投诉时，售后客服要及时道歉并上报情况。在与顾客交流的过程中，要注意沟通技巧。常见的沟通技巧有以下五种：

1. 安抚顾客技巧

遇到顾客投诉，售后客服首先要分析顾客诉求的类型。顾客的利益受到损害，着急是不可避免的，有的顾客甚至暴跳如雷。面对愤怒的顾客，要积极聆听，鼓励顾客把事情说出来，不要打断或否定顾客；面对希望得到补偿的顾客，要及时了解顾客诉求，主动承担责任，提出解决方案。

例如：“亲，××为您服务，请您告知所遇到的问题，我会竭力帮您解决的。”

2. 同理心技巧

时刻与顾客站在同一角度，想顾客所想，尝试去理解顾客，想象如果自己遇到这个问题时，会怎么做，会希望得到什么样的待遇，会希望得到怎样的解决办法。在跟顾客交流时，表达中多使用“我们”，可以拉近与顾客的距离；在顾客陈述问题后，适时地表示认同可以获得顾客的信任，减少顾客因抱怨带来的负面情绪，为进一步顺利解决问题提供适宜的沟通空间。

例如：“您好！很抱歉让您有这种不太舒服的使用体验，新出厂的包包确实有些气味，我也这么觉得呢，不过包包是一出工厂就寄发的哦，相信质量您还是挺满意的吧？至于会有稍许味道这个问题，我们一起来商量一下如何去除，您看可以吗？”

3. 适当提问技巧

顾客在抱怨的时候，售后客服要适当地进行提问，了解实际情况，引导顾客讲述事实，提供信息。有时候顾客可能会因为情绪激动而遗忘一些重要信息，或者是顾客认为这些信息并不重要，也有可能是顾客故意隐瞒。因此，在着手解决问题之前，售后客服要设法获得信息。

例如：

顾客："你们的产品太差了，用一次就坏了，我要退货。"

客服："亲，很抱歉产品不能让您满意。您能告诉我您是如何使用的吗，会不会是电源没接好呢？"

售后客服通过提问引导顾客进一步提供具体的使用信息，可以判断出问题产生的直接原因，或者通过这一交流过程，能够及时发现问题责任的归属，从而有利于下一步解决问题。

例如：

顾客："看看你们寄的都是些什么衣服，我要换货。"

客服："亲，请问是什么让您不满意呢？我们这款商品销量很高，顾客的评价也都是很好的呢！"

尽管有时问到最后顾客还是执意要换货，但是经过不断地提问式沟通，售后客服可以更为清晰地了解顾客评判产品好坏的标准，进而能够根据顾客的想法为其推荐更换合适的产品。

此外，售后客服要及时归纳顾客的问题并向其求证，这样既能够让顾客感知到售后客服一直在认真聆听，也有利于进一步掌握准确的信息。

例如："亲，我已经了解您的情况了，您看我这样理解是否正确……"

4. 探讨方案技巧

为顾客遇到的问题找到合适的解决方案是售后客服的根本任务。这个方案该由谁来提出比较合适呢？不少售后客服会根据问题直接提出对应解决方案，但是这样可能导致两种情况发生：如果方案超出或达到顾客预期要求，顾客欣然接受；如果低于顾客预期要求，顾客觉得利益受损，则有可能会再次情绪激动。因此，更好的做法是由售后客服引导顾客先行提出解决方案，如果顾客提出的方案超出店铺承受范围，再由售后客服人员提出适宜方案。

例如："那您希望怎么解决呢？""那您觉得这件事如何处理比较好呢？""亲，您的要求实在是超出小店能承受的范围，您看这样好不好……（提出解决方案）"

有时，与顾客共同探讨解决方案，也能够在一定程度上给予顾客一种被尊重的体验，使顾客切实感知到售后客服没有敷衍了事，而是真诚为其服务的。

小提示

售后客服在提出方案时也要注意，有多个方案的情况下要择优，比如"退款 5 元"和"送 10 元现金券"两种方案，应先提出送 10 元现金券，假如顾客接受，就既不用支付 5 元，又能够吸引顾客回购，巩固顾客关系。

5. 跟踪服务技巧

顾客投诉处理完成后，要及时将信息反馈给顾客，进行跟踪服务，这样做既能够让顾客觉得客服工作有始有终，也同时向顾客表明做好服务的决心，进一步维护好顾客关系。

例如：

“亲，已经往您的支付宝打款了，请您查收。”

“亲，这样解决您满意吗？再次向您致以真诚的歉意，感谢您对我们工作的支持，也谢谢您指出我们的不足之处，我们会尽全力改进我们的工作。谢谢！”

任务实施

本任务通过了解顾客投诉的心理，进一步掌握处理顾客投诉的方法，并以淘宝网为例进行学习，具体了解淘宝争议处理规则，为处理顾客投诉工作做好知识储备。具体安排如图 6－20 所示。

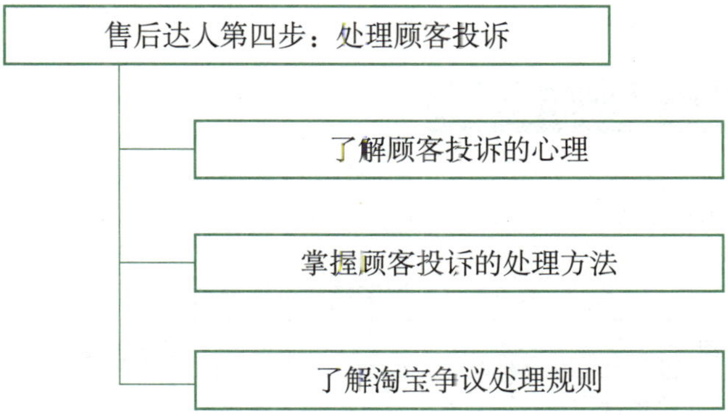

图 6－20　处理顾客投诉

STEP1　了解顾客投诉的心理

借助网络，了解顾客投诉的心理，针对不同顾客心理探讨相应处理技巧，完成表 6－9 的填写。

表 6－9　顾客投诉心理分析

顾客投诉心理	处理技巧
求发泄	
求尊重	
求补偿	

STEP2 掌握顾客投诉的处理方法

对顾客的投诉，若处理不当会给店铺造成很大影响。遇到以下常见问题时，该如何处理，请将处理方法填在表 6－10 中。

表 6－10 顾客投诉处理方法

常见问题	处理方法	后续工作
收到的货物破损或少件		
货物描述不符		
质量问题		
收到假货		
物流问题		

STEP3 了解淘宝争议处理规则

进入淘宝网“规则中心”，找到“淘宝平台争议处理规则”，完成表 6－11 的填写。

表 6－11 淘宝售后争议处理

争议项目	处理规则
出售的商品违反法律法规规定	
商品质量问题或描述不符	
虚假凭证	
买家未收到货	
买家拒签	
违反退换货规范	
违反物流规范	
运费承担	

小提示

淘宝网规定，符合“消费者保障服务协议”约定条件的买家在交易成功后提起的未收到货、商品描述不符、商品存在质量问题、卖家未履行售后服务或特色服务的保障要求的，参照“淘宝平台争议处理规则”的相应条款进行认定，“消费者保障服务协议”中有特别规定的除外。

任务小结

要正确处理顾客投诉，首先要了解顾客投诉的心理，针对不同的心理选择不同的解决方法。在为顾客提供售后服务的时候，要时刻注意沟通技巧的灵活运用。

综合练习

一、判断题

1. 网店售后客服必须做到不直接拒绝顾客的要求，只能用婉转的方式说明拒绝的理由。(　　)

2. 物流因素不受卖家控制，所以卖家无法避免商品的物流纠纷。(　　)

3. 卖家加入“7 天无理由退换货”服务承诺后，顾客的退换货费用都应由卖家承担。(　　)

4. 售后客服只需要了解退款/退换货流程和纠纷维权规则，不需要掌握产品相关知识。(　　)

5. 顾客申请退款的时候不可以申请部分退款，只能是全额退款。(　　)

二、选择题

1. 售后工作是一次交易的最后过程，也是(　　)的开始。

A. 保修　　B. 安装　　C. 再销售　　D. 关怀

2. 在处理售后纠纷时，话术技巧是很重要的。在与顾客交流时，售后客服不能说的话是(　　)。

A. 这个不属于我们的问题，我们不能负责

B. 你的货被快递公司弄丢了，请找快递公司索赔

C. 退货你没填单号，导致退款速度慢，这不是我们的错

D. 以上全部都是

3. 顾客办理退货后，客服应该怎么处理？(　　)

A. 提醒顾客在网上填发货单

B. 收到退货后检查登记并办理退款

C. 收到退货后联系顾客推荐新款

D. 以上处理方法都可以

4. 顾客购买的商品是 99 元，退款也是退了 99 元，但顾客银行卡短信提示只收到 89 元，以下解释合理的是(　　)。

A. 订单显示退款 99 元，但实际卖家少退了 10 元

B. 顾客说谎，想骗钱

C. 顾客购买时使用了 10 元钱的积分，银行卡只退 89 元，因为积分不能折算为现金，是退到该顾客的积分里面

D. 退货退款网店平台要扣 10 元佣金，所以只退顾客 89 元

5. 顾客申请退换货时不肯承担运费，售后客服应该如何处理？(　　)

A. 威胁顾客让其承担运费

B. 告知顾客退换货的相关规则，跟顾客协商运费问题

C. 如果顾客不承担运费，就不给予办理退换货

D. 让顾客以到付的方式寄回

三、操作题

1. 顾客参加了天猫某店铺“双 11”活动，买了两件衣服，一件是 2 400 元，另一件是 500 元。店铺承诺 15 天内发货，但 20 天过去了，顾客迟迟未收到衣服。顾客和店铺客服沟通，客服回复说衣服订单量太大，备的货都发光了，要订制现做，但工厂发来的这一批面料不好，他们没有用，换面料耽误了时间。一个月后，顾客收到了衣服，但是很不开心。

（1）如果你是这家店铺的客服，若预期承诺 15 天内不能及时发货，你会怎么做？

（2）顾客前来咨询货物迟迟未发出的原因，如果你是售后客服会怎么接待？

2. 客户收到货，发现店铺发错货了，作为售后客服，你会怎么处理？

3. 客户收到货，发现有质量问题，作为售后客服，你会怎么处理？

管理篇

项目七

电子商务客户关系管理与服务

学习目标

- **知识目标**

1. 了解客户关系管理的含义、作用和功能；
2. 掌握电子商务环境下客户关系管理的内容。

- **能力目标**

1. 能利用网络获取电子商务平台客户关系管理相关内容；
2. 掌握开发新客户、维护老客户的途径和方法。

- **素养目标**

1. 培养精益、专注、创新的工匠精神；
2. 培育大胆探索、诚信服务、德法兼修的职业素养。

叮叮说案例

唯品会的客户关系管理

2022年，唯品会年总净营收为人民币1 032亿元，活跃用户人数达8 480万人。

唯品会的客户关系管理主要包括以下内容：

1. 经营理念

(1) 对用户：坚持用户利益至上，不断倾听和深刻理解用户需求，不断给用户惊喜，不断提供超预期的体验和服务，不断创造新的用户价值。

(2) 对合作伙伴：尊重和善待合作伙伴，真诚合作，一起共建共生共赢的生态环境。

(3) 对员工：员工是公司最大的资产，不断激发员工潜能，使员工与企业共赢、共成长；善待每一位员工，关爱员工身心健康。

(4) 对社会：怀感恩的心，注重社会责任，尽企业的力量回报社会，塑造健康企业形象。

2. 服务理念

"消费者满意"是唯品会最大的追求目标。唯品会坚持以安全诚信的交易环境和服务平台，为会员提供优质、高效、愉悦的售卖服务，以提升消费者满意度为己任，为消费者提供畅快、安全、放心、便捷的消费流程体验和服务。

唯品会4F理念为：(1) Fast：有限的折扣上架时间；(2) Fun：无穷无尽的购物乐趣；(3) Fashion：享受时尚的生活方式；(4) Fine：卓越的品质与体验。

3. 服务制度

唯品会关注客户服务的每一个细节，7天无条件退货并补贴运费，43种支付方式支付安全自由，1 000多名客服365天贴心服务，10 000名物流员工星夜兼程，全心全意将每一位“蜜友”视为VIP客户。

累计超过10 000个合作品牌，1 600多个独家合作品牌的优质产品，通过太平洋保险公司正品保险和70项专业质检确保品质，以超过70%的重复购买率成为会员的信赖之选。

4. 服务流程

唯品会在经营管理过程中非常注重客户体验，会重点把握各个关键客户接触点（如网站页面及功能、呼叫中心、商品质量与价格、物流速度及服务等），最大限度满足客户需求，强调购物体验，提升客户满意度及忠诚度。

点燃思考

娜娜：“网络时代，随着计算机技术的快速发展，电子商务企业可以通过购买专业的客户关系管理软件进行客户关系管理，客服在客户关系管理中的地位是否已经没有以前那么重要了呢?”

叮叮：“在电子商务环境下，客户关系管理可以通过技术手段实现，客户服务也可以部分地通过技术手段实现，但这并不意味着客服的地位不重要了。买方市场下，卖什么都是卖体验，客户不仅追求购买优质的商品，还渴望获得优质的体验。企业要做的就是提升客服质量，用顶级客服打造客户心中的顶级产品，从而培养客户对企业的忠诚度。”

任务一　了解电子商务客户关系管理与服务

情景导入

学完网店售后客服内容后，娜娜有点兴奋，上班时就等着主管通知她上岗，却收到了参加“电子商务客户关系管理”培训的通知。娜娜明白了做一名客服，还必须掌握一定的电子商务客户关系管理的知识和技巧。

任务目标

★ 了解什么是客户关系

★ 熟悉客户关系管理的作用和功能

★ 明白客户关系管理和客户服务的区别

★ 掌握电子商务环境下客户关系管理的内容

★ 树立正确的服务理念，培养服务意识

素养园地

携程“HEAT服务理念”

携程集团是全球领先的一站式旅行平台。

经历了2020年新冠疫情期间旅游业的低谷，面对疫情带来的“退改巨浪”，携程客服撑起了百亿退订，也为客户展示了携程“以客户为中心”的核心价值观。

2021年初，携程面向全员发布了全新升级的“HEAT服务理念”。从对客上升为面对客户以及合作伙伴；从服务上升为服务质量和服务系统；从机酒旅游等客服人员到囊括服务设计、服务管理等服务侧人员，统一践行“暖心（Heartwarming）、简单（Effortless）、主动（Active）、信任（Trust）”的“HEAT服务理念”。

“HEAT服务理念”要求携程客服以真诚温暖对待每一位客户；必要时能够跳出流程，解客户之所急，用服务填补规则缝隙；有别于“挂断电话后凡事与我无关”的客服体验，携程还要求客服能够预见客户可能会产生的连带需求并主动询问；全新升级后的服务理念还保持了携程一贯坚持的“信客”原则，相信和理解客户需求的合理性并能以同理心为客户找到最佳解决方案。

据了解，“HEAT服务理念”运行以来，携程客服收获好评次数同比提升约10%。其中，一次性解决客户需求的平均值高达95%，同比提升约两位数；为客户减少等待时长约30万分钟；为客户挽回经济损失高达3亿元。

评析：

随着客户旅行服务需求的不断变化和日益个性化，携程全新升级的“HEAT服务理念”追求为客户提供“暖心、简单、主动、信任”的服务，做到行知合一。携程以满足客户需求为出发点，为客户提供个性化、定制化服务，努力做优质服务的提供者、客户关系的维护者，真正做到了“以人为本”。

知识热身

一、客户关系管理概述

自人类有商务活动以来，客户关系就一直是商务活动中的一个核心问题。

1. 客户关系

（1）客户关系的含义。客户关系是指企业为达到其经营目标，主动与客户建立起的某种联系。这种联系可能是单纯的交易关系，也可能是通信关系，或是为客户提供一种特殊的接触机会。

（2）客户关系的类型。科特勒把企业与客户之间的关系归结为基本型、被动型、能动型、伙伴型及负责型等五种类型，其具体特点见表7-1。

表 7-1　客户关系的类型及特点

类型	特点
基本型	企业销售人员把产品销售出去后不再与客户接触
被动型	企业销售人员在销售产品的同时，还鼓励客户在购买产品后，如果遇到问题，及时向企业反馈，提供有关改进产品的意见或建议，但一般不主动联系客户
能动型	销售完成后，企业不断联系客户，为客户提供升级服务或新产品的营销信息等
伙伴型	企业不断与客户合作，努力帮助客户解决问题，支持客户，实现共同发展
负责型	销售完成后，企业及时联系客户，询问产品是否符合客户的需求，有何缺陷或不足，有何意见或建议，以帮助企业不断改进产品，使之更加符合客户需求

这五种客户关系类型之间并不具有简单的优劣对比程度或顺序，因为企业所采用的客户关系类型取决于它的产品以及客户特征，不同企业甚至同一企业可根据其客户的数量和边际利润水平，选择合适的客户关系。

小知识

边际利润

边际利润是指厂商每增加一单位的产出所带来的纯利润的增量。边际利润的多少取决于边际收入和边际成本。边际利润的计算公式为：

边际利润（M）＝销售收入（S）－变动成本（V）

2. 客户关系管理

客户关系管理（Customer Relationship Management，CRM）是为企业提供全方位的客户视角，赋予企业更完善的客户交流能力和最大化的客户收益率所采取的方法。

（1）客户关系管理的目标。客户关系管理的目标主要表现在以下三个方面：

1）更好地认识和发现实际的或潜在的客户。认识和发现实际的或潜在的客户，对目标客户有一个清晰的认识，然后在适合的地点，在适合的时间，以适合的方式来寻找符合要求的客户。

小知识

目标客户

目标客户是指企业或商家提供产品和服务的对象。目标客户是市场营销工作的前端，只有确立了消费群体中的某类客户，才能展开有效的、具有针对性的营销事务。

2）挖掘、获得、发展新客户并避免流失有价值的现有客户。通过交叉销售和刺激客户的购买倾向等手段挖掘、获得有价值的客户，同时通过培养客户忠诚，发展和挽留有价值的客户，减少客户流失，改变或放弃无潜在价值的客户。

小知识

交叉销售

交叉销售是指发现现有客户的多种需求，并通过满足其需求而实现销售多种相关的服务或产品的营销方式。促成交叉销售的各种策略和方法即“交叉营销”。简言之，交叉销售就是向购买本公司某种产品的客户推销本公司其他产品。比如说某客户在你这儿购买了一款帐篷，你可以销售洗漱包、防潮垫等给他。

3）避免或及时处理“恶意”客户。“恶意”客户的目的不是买东西，而是利用交易规则或流程中的漏洞敲诈、骗钱，损害店铺形象，如职业差评师。对于这类客户，首先，卖家自身的产品要有优势，产品介绍要实事求是；其次，服务要更专业、更贴心，沟通过程中对敏感问题要慎重，避免违规，如天猫客服对发票问题的回答一定不能违反天猫规则；最后，多关注对方，留意买家信用、差评记录，提前做好取证，时刻准备维权。

综上，客户关系管理的最终目标是吸引新客户、保留老客户以及将已有客户转为忠实客户，增加市场份额。

（2）客户关系管理的作用。客户关系管理是企业为发展与客户之间的长期合作关系，为提高企业以客户为中心的运营性能而采取的一系列方法、技术、能力和软件的总和。客户关系管理的作用体现在以下四个方面：

1）提高客户满意度和忠诚度。一些企业通过促销、赠券、返利等活动，期望通过“贿赂”客户得到自己需要的客户忠诚度，但往往事与愿违。现在的客户更需要的是一种特别的对待和服务，企业可以通过提供超乎客户期望的可靠服务，将争取到的客户转变为长期客户，从而可以实现客户的长期价值。只要能充分有效地为客户提供个性化的服务，客户的忠诚度将大大提高。

2）降低企业管理和营销成本。过去，企业的业务活动都是为了满足企业的内部需要，而不是客户的需要，不以客户为核心的业务活动会降低效率，从而增加营销成本。现在，企业采用 CRM 管理系统，通过现有的客户、客户关系维护及追求高终身价值的客户等措施促进销售的增长，节约了销售、营销费用及客户沟通、内部沟通成本。另外，CRM 管理系统的应用还可以大大减少人为差错，降低营销费用。

3）创造双赢的效果。客户关系管理之所以受到企业界的广泛青睐，是因为良好的客户关系管理对客户和企业均有利，是一种双赢的策略。对客户来说，客户关系管理的建立能够为其提供更好的信息，更优质的产品和服务；对于企业来说，通过客户关系管理可以随时了解客户的构成及需求变化情况并由此制定企业的营销方向。

4）建立商业壁垒。促销、折扣等传统的手段不能有效地建立起进入壁垒，且极易被对手模仿。建立客户关系管理系统，对手不易模仿，客户的资料都掌握在自己手中，其他企业想挖走客户则需要更长的时间、更多的优惠条件和更高的成本。

二、电子商务客户关系管理

扫一扫

电子商务客户关系管理的内容

电子商务的出现给经济发展注入了新的活力，电子商务的迅速发展给企业的客户关系管理带来了无限的发展空间。电子商务系统提供了一种企业与客户进行交流的新方式，要求企业管理者以新的思维来看待未来的客户、未来的竞争对手、未来的技术工具等。电子商务环境下的客户关系管理是在传统商务环境下的客户关系管理的基础上，以信息技术和网络技术为平台的一种新兴的客户关系管理理念与模型。

1. 电子商务客户关系管理的主要内容

电子商务客户关系管理的主要内容包括以下五个方面，如图 7－1 所示。

图 7－1　电子商务客户关系管理的主要内容

（1）客户信息管理。客户信息是企业决策的基础，是企业与客户进行有效沟通并对其进行分级管理的前提。企业进行客户关系管理的第一步就是对服务对象（包括个人客户和企业客户）的基本资料、购买产品或服务记录等一系列相关信息进行收集和管理。

电子商务客户信息管理的内容主要包括以下五方面：

1）客户信息收集。企业要收集的个人客户信息主要包括客户的基本资料（姓名、性别、出生日期等）、客户喜好、客户行为等。如果是企业客户，要收集的客户信息主要包括企业基本业务状态、交易状况、负责人信息等。

2）建立客户资料库。企业可以运用数据库知识和技术，合理组织客户数据库结构，形成企业数据库，用于存储客户资料。

3）客户信息整理。企业可以采取数据挖掘等智能技术，发掘提取数据库中优质客户的信息。

4）客户信息分析。企业用相关技术对客户信息进行整理后，可用分析软件或技术对客户信息进行多角度的分析，充分发挥信息的价值。

5）客户信息安全管理。安全是信息管理的根本，企业应对客户信息进行妥善保管，避免任何泄露客户资料的情况发生。

（2）客户满意管理。客户满意是指客户使用前的预期与使用后所感知的效果相比较的结果。对电子商务企业来说，客户满意有助于降低企业成本，提升企业的利润率。

由于客户需求复杂多变，其在接受产品和服务中获得的满意程度和满意层次是不一样的。因此，对于电子商务客户满意管理来说，从不同的角度出发，可以有不同的分类。

1）按社会发展过程中的满足趋势，可分为物质满意层、精神满意层和社会满意层，具体见表 7-2。

表 7-2 按社会发展过程中的满足趋势分类

分类	介绍
物质满意层	客户在对企业提供的产品或服务的核心的消费过程中产生的满意。物质满意层客户追求的是产品的使用价值，包括产品的功能、质量、包装等，是最基础层的满意
精神满意层	客户在对企业提供的产品或服务的外延的消费过程中产生的满意，是客户对企业的产品所带来的精神上的享受、心理上的愉悦、身份的变化等方面的满意状态
社会满意层	客户在对企业提供的产品或服务的消费过程中所体验到的社会利益维护程度，主要指客户整体（全体公众）的社会满意程度

2）按客户满意的对象，可分为市场营销系统满意、企业满意以及物品满意，具体见表 7-3。

表 7-3 按客户满意的对象分类

分类	介绍
市场营销系统满意	客户对市场营销系统与运行状态和从中获得的所有利益所做的主观评价，如渠道畅通高效、广告真实、包装规范、服务周到等
企业满意	客户对与企业交往所获得的各种利益的主观评价
物品满意	客户对某一具体提供物及其利益的主观评价

3）按客户对企业满意的内容，可分为理念满意、行为满意、视听满意、产品满意和服务满意，具体见表 7-4。

表 7-4 按客户对企业满意的内容分类

分类	介绍
理念满意	企业经营理念带给客户的满足状态
行为满意	企业全部的运营状态带给客户的满意状态
视听满意	企业可视性和可听性等外在形象带给客户的满意状态
产品满意	企业产品本身带给客户的满意状态
服务满意	企业售前、售中、售后服务带给客户的满意状态

小知识

RATER 指数

客户服务研究机构美国论坛公司投入数百名调查研究人员，用近 10 年的时间对全美零售业、信用卡、银行、制造、保险、服务维修等14个行业的近万名客户服务人员和这些行业的客户进行细致深入的调查研究，发现一个可以有效衡量客户服务质量的RATER指数。RATER指数是五个英文单词的缩写，分别代表Reliability（信赖度）、Assurance（专业度）、Tangibles（有形度）、Empathy（同理度）、Responsiveness（反应度）。而客户对于企业的满意程度直接取决于RATER指数的高低。

（1）信赖度：是指一个企业是否能够始终如一地履行自己对客户所做出的承诺，当这个企业真正做到这一点的时候，就会拥有良好的口碑，赢得客户的信赖。

（2）专业度：是指企业的服务人员所具备的专业知识、技能和职业素质，包括：提供优质服务的能力、对客户的礼貌和尊重、与客户有效沟通的技巧。

（3）有形度：是指有形的服务设施、环境、服务人员的仪表以及服务对客户的帮助和关怀的有形表现。服务本身是一种无形的产品，但是整洁的服务环境、餐厅里为幼儿提供的专用座椅、陪伴小朋友玩耍的服务员等，都能使服务这一无形产品变得有形。

（4）同理度：是指服务人员能够随时设身处地地为客户着想，真正地同情理解客户的处境、了解客户的需求。

（5）反应度：是指服务人员对于客户的需求给予及时回应并能迅速提供服务。当服务出现问题时，马上回应、迅速解决能够给服务质量带来积极的影响。客户需要的是服务人员积极主动的服务态度。

（3）客户忠诚管理。客户忠诚是从客户满意概念中引出的，是指客户满意后而产生的对某些产品、品牌或企业的信赖和维护，以及希望重复购买的一种心理倾向。客户忠诚是客户对企业产品和服务的信赖与认可，坚持长期购买和使用该企业产品所表现出的在思想和情感上的一种高度信任和忠诚的程度，是客户对企业产品在长期竞争中表现出的优势的综合评价。客户忠诚度越高越有利于企业经济效益的提高，同时也有助于改善员工的工作条件，提高员工的满意度和忠诚度。

客户关系管理的目标是形成客户忠诚，只有忠诚的客户才是企业长期利润的来源。以客户利益为出发点，与客户建立长期稳定的关系，不断提高客户的忠诚度，对企业品牌的传播和提高市场占有率都会产生重要影响。

（4）客户服务管理。客户服务是企业通过营销渠道，为满足客户的需求所提供的包括售前、售中、售后等的一系列服务，是电子商务企业与客户沟通的主要桥梁，是企业客户管理的重要一环，目的是满足客户的服务需求。客户服务的需求层次如图7-2所示。

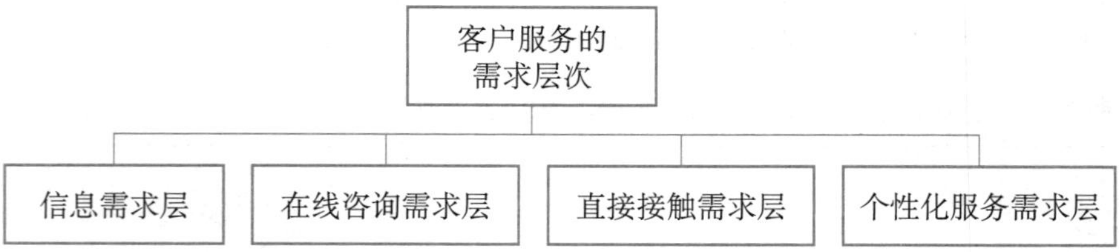

图7-2 客户服务的需求层次

1）信息需求层。信息需求层主要是指对产品和服务的信息需求，企业要在网站上放大量产品信息、促销信息和服务信息等，方便客户了解。

2）在线咨询需求层。客户在进一步研究产品和服务信息时，可能遇到问题需要在线咨询，客服要给予帮助。客户在想购买时或购买后遇到问题时也都会向客服进行咨询。

3）直接接触需求层。对于网上联系不能提供解决方案的较复杂的问题，客户希望直接接触，寻求更深入的服务。

4）个性化服务需求层。随着人们收入水平的不断提高，需求也发生了很大的变化，越来越追求个性化的产品和服务，如私人订制等。电子商务的快速发展使这种需求变得很容易实现。客户如果愿意，可以积极参与到产品的设计、制造、配送和服务全过程，追求更符合个性化要求的产品和服务。

（5）客户关系管理系统。客户关系管理系统由市场管理、销售管理和服务管理三个主要部分组成，如图7-3所示。它们之间的相互关系是以客户为中心，把市场、销售和服务等活动连接起来，形成一个网链。企业先从市场找机会，找到营销商机，再促成销售；在销售过程中和销售完成后都提供一定的服务；服务过程中收集到的信息又将反馈给企业，以此作为产品更新的重要依据，达到留住老客户、吸引新客户、提高客户利润贡献率的目的。

图7-3 电子商务客户关系管理系统

1）市场管理。客户关系管理系统在市场营销过程中，可以有效地帮助市场人员分析现有的目标客户群体，如主要客户群体集中在哪些行业、职业、哪一年龄层次、哪个地域等，从而帮助市场人员进行精确的市场投放。客户关系管理也能有效分析每一次市场活动的投入产出比。

2）销售管理。销售管理是客户关系管理系统中的主要组成部分，主要包括潜在客户、现实客户、联系人、业务机会、订单、回款单、报表统计图等模块。销售人员通过记录沟通内容、建立日程安排、查询预约提醒、快速浏览客户数据等有效缩短了工作时间，而大额业务提醒、销售漏斗分析、业绩指标统计、业务阶段划分等功能又可以有效帮助管理人员提高企业的成单率、缩短销售周期，从而实现最大效益和业务增长。

3）服务管理。客户关系管理系统中的客户服务主要用于快速及时地获得问题客户的信息及客户历史问题记录等，可以有针对性并且高效地为客户解决问题，提高客户满意度，提升企业形象。服务管理主要包括客户反馈、解决方案、满意度调查等功能。客户反馈中的自动升级功能，可以让管理者第一时间得到超期未解决的客户请求；解决方案功能使员工可以立刻给客户提交满意的答案；满意度调查功能可以使高层的管理者随时获知企业客户服务的真实水平。有些客户关系管理软件还会集成呼叫中心系统，这样可以缩短客服的响应时间，对提高客户服务水平也起到了很好的作用。

市面上很多的客户关系管理软件还会有一些其他功能，比如办公管理、行政管理、进销存等，但是这些功能只是为使用者提供方便而产生的，其实与真正的客户关系管理没有太大的关系。

2. 电子商务客户关系管理的特点

与传统的客户关系管理相比，现代电子商务环境下的客户关系管理的特点主要包括以下四个方面。

（1）整合性。电子商务要求把电子邮件、电话和在线交流系统整合在一起，发挥系统最大的作用。电子商务环境下的客户关系管理整合包含了前端与后端的整合。前端指的是统一的联系渠道，企业可以让客户根据自己的情况，在不同时间以电话、传真、网站或电子邮件等各种方式与企业接触。要注意的是，不论是服务专员还是自动化装置，企业所提供的解答都应当一致。后端是指利用先进的资料分析方法和技术，深入探索与客户相关的信息，作为客户关系管理的依据。

（2）针对性。电子商务环境下，客户的个性化需求越来越明显。互联网及时的沟通方式有效地支持客户随时、准确地访问企业网站，了解企业的各种产品和服务信息；企业人员借助先进的信息技术，可以了解客户的需求和喜好，进行针对性的信息传递和营销服务。企业对客户行为的追踪或分析，常是以单一客户为单位，发现其行为方式与偏好，进行差异化、个性化的营销与服务。

（3）实时性。在电子商务环境下，客户快速地接受大量信息，所以客户的偏好也不断地改变。企业必须不断地观察客户喜好和购买习惯的改变，并及时采取应对策略，把握先机，赢得客户。

（4）技术性。信息时代，企业可利用各种新技术进行客户关系管理。基于互联网的客户关系管理是一个完整的收集、分析、开发和利用各种客户资源的系统。这种新型的系统与数据库营销相结合，客户与企业交往的各种信息都能在客户数据库中得到体现。目前，市场上有专门研发 CRM 软件的公司，它们可根据企业的需求，设计专门的 CRM 软件。

电子商务客户关系管理的以上特点，使得其相对于传统商务环境下的客户关系管理具有易运作、灵敏度高、全球性以及交互性强等优点。

任务实施

本任务需要了解电子商务企业客户关系管理的内容，熟悉天猫客户关系管理的内容，了解常用的电子商务客户关系管理软件。具体安排如图 7－4 所示。

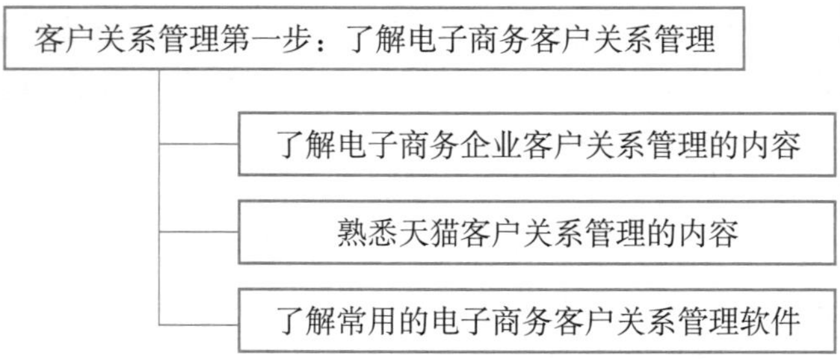

图 7－4　了解电子商务客户关系管理

STEP1 了解电子商务企业客户关系管理的内容

利用网络查找某电子商务企业客户关系管理的内容，完成表 7-5 的填写。

表 7-5 电子商务企业客户关系管理的内容

电子商务企业 CRM 的主要内容	详细介绍

STEP2 熟悉天猫客户关系管理的内容

进入天猫首页，通过“网站导航”—“帮助中心”—“商家工具”—“营销工具”—“客户关系管理”，查看天猫客户关系管理的内容，完成表 7-6 的填写。

表 7-6 天猫客户关系管理的内容

天猫客户关系管理内容	详细介绍

STEP3 了解常用的电子商务客户关系管理软件

利用网络查找目前比较常用的电子商务客户关系管理软件，完成表 7-7 的填写。

表 7-7 常用的电子商务客户关系管理软件

常用电子商务 CRM 软件	具体功能介绍	优势

任务小结

客户关系管理是一种以客户为中心的企业发展战略，通过本任务的学习，可以了解什么是客户、客户关系管理的作用和功能，以及电子商务环境下客户关系管理的特点和内容。

任务二 电子商务客户关系管理方法

情景导入

经过培训，娜娜意识到电子商务企业客户关系管理的重要性，但作为一名一线的客服人员，该如何做好客户关系管理呢？她决定上网收集资料，学习有关电子商务客户关系管理的技巧。

任务目标

★ 了解开发新客户的意义
★ 了解维护老客户的作用
★ 掌握开发新客户、维护老客户的途径和方法
★ 深刻理解和践行“以客为尊，用户至上”的服务理念，提升服务意识

素养园地

企业家 A 先生到泰国出差，下榻于东方饭店，这是他第二次入住该饭店。

次日早上，A 先生走出房门准备去餐厅，楼层服务生恭敬地问道：“A 先生，您是要用早餐吗？”

A 先生很奇怪，反问道：“你怎么知道我是 A 先生？”

服务生回答：“我们饭店规定，晚上要背熟所有客人的姓名。”

这令 A 先生大吃一惊，尽管他频繁往返于世界各地，也入住过很多高级酒店，但这种情况还是第一次碰到。

A先生愉快地乘电梯下至餐厅所在楼层，刚出电梯，餐厅服务生忙迎上前：“A先生，里面请。”

A先生十分疑惑，又问道：“你怎么知道我是A先生?”

服务生微笑答道：“我刚接到楼层服务生电话，说您已经下楼了。”

A先生走进餐厅，服务小姐殷勤地问：“A先生还要老位子吗?”

A先生的惊诧再度升级，心中暗忖“上一次在这里吃饭已经是一年前的事了，难道这里的服务小姐依然记得?”

服务小姐主动解释：“我刚刚查过记录，您去年6月9日在靠近第二个窗口的位子上用过早餐。”

A先生听后有些激动，忙说：“老位子！对，老位子！”

于是服务小姐接着问：“老菜单？一个三明治，一杯咖啡，一个鸡蛋?”

此时，A先生已经极为感动了：“老菜单，就要老菜单！”

给A先生上菜时，服务生每次回话都退后两步，以免自己说话时唾沫不小心飞溅到客人的食物上。

一顿早餐，就这样给A先生留下了终生难忘的印象。

此后三年多，A先生因业务调整没再去泰国，可是在A先生生日的那天，他突然收到了一张东方饭店发来的生日贺卡：亲爱的A先生，您已经三年没有来过我们这里了，我们全体人员都非常想念您，希望能再次见到您。今天是您的生日，祝您生日愉快！A先生当时热泪盈眶……

评析：

泰国东方饭店非常重视培养忠实的客户，并建立了一套完善的客户关系管理体系，使客户入住后可以得到无微不至的人性化服务。客户关系管理的观念已经被普遍接受，但一些企业只是买一套软件系统，并没有在内心深处去思考、去贯彻执行。客户关系管理应是以全员服务意识为核心，贯穿于所有经营环节的一整套全面完善的服务理念和服务体系，是一种企业文化。泰国东方饭店的做法值得我们认真学习和借鉴。

知识热身

企业要生存和发展，必须创造利润，而企业的利润主要来自客户的消费。企业的客户来源主要有两部分：新客户和老客户。新客户是指通过各种途径知道企业的产品及服务，初次来购买的人；老客户即企业原有的消费者，他们已经购买过企业的产品，使用后感到满意，愿意继续购买。

电子商务企业针对新客户和老客户，应采用不同的客户关系管理方法。

一、开发新客户的途径和技巧

1. 开发新客户的途径

对于电子商务企业来说，获取新客户可以通过以下四种渠道，如图7-5所示。

(1) 老客户介绍。企业因优质的产品、服务等赢得老客户的信任，老客户自发帮助

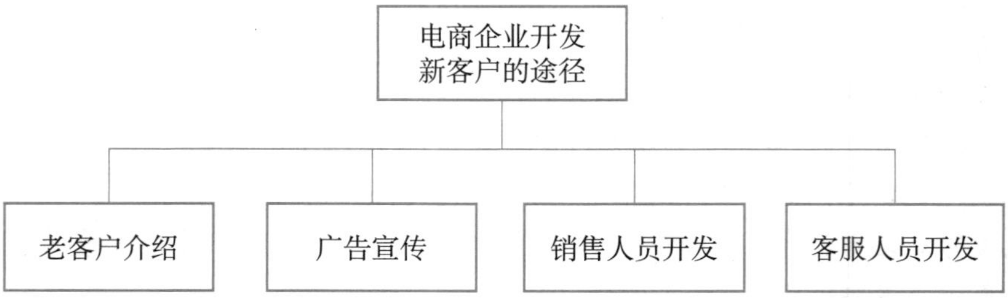

图 7－5　电商企业开发新客户的途径

企业介绍新客户。

（2）广告宣传。企业通过各种渠道发布信息、参加推广活动，等着客户找上门。

（3）销售人员开发。销售人员开发是主动寻找开发新客户。销售人员可以通过各种渠道搜索目标客户，主动将产品信息推送给客户，也可以借助电子商务供求平台查找需求信息，联系客户。

（4）客服人员开发。客服人员开发一般是指客服在接待客户的过程中，努力用专业的知识和沟通技巧促成交易。一般情况下，网络新客户的第一次成交难度是最高的，因为会存在怀疑、不信任、怕承担风险等情况。在销售过程中，客服应该紧紧地把握客户心理，努力促成第一次交易。

2. 电子商务客服开发新客户的技巧

电子商务客服开发新客户的技巧主要体现在以下四个方面：

（1）克服成交的心理障碍，保持积极的成交态度。推销失败是销售过程中经常遇到的情况，尤其是对于一些新手客服人员来讲。当客服通过各种方式向客户传达产品信息时，比如介绍新品、介绍店铺主推的爆款等，客户经常会发出一些疑问，怀疑产品价格、产品质量、产品的售后服务，甚至会怀疑客服。有一些客服人员就会心情紧张，担心成交失败，形成心理障碍。一旦出现这种情况，很多成交就难以实现了。

还有一些客服人员在经历了几次失败以后，畏惧失败的心理障碍就会出现，在销售过程中就有可能出现情绪急躁的现象，表现出急于求成的心态。这样做会引起客户的疑心，使他们认为产品有问题，或者觉得客服有可能给他们挖了一个“陷阱”，甚至会坚定客户拒绝购买的决心。

因此，客服一定要正确对待失败，明白“没有常胜将军，胜败乃兵家常事”的道理。即使是最优秀的客服，也不可能每一次推销都能获得成功。一定要鼓起勇气，不怕挫折和失败，坦然面对各种结果，从而取得心理上的优势。一位成功的销售员说过这样一句话：一次成交是建立在十次推销失败的基础之上的。客服只有坚定自信，保持积极的成交态度，加强心理方面的训练，才能消除各种不利于成交的心理障碍，顺利促成交易。

（2）及时主动地促成交易。很多客服经常认为客户会自动提出成交的请求，或者以为客户在交流结束的时候会主动购买产品，因此在销售过程中总是习惯等待。事实上绝大多数的客户即使有购买意向，也会采取被动的态度，一般都需要销售人员先提出成交的请求。客户的购买意向总会有意无意地通过各种信号表现出来，比如语言文字信号、行动信号等。因此，客服一定要多留意观察，还要善于捕捉稍纵即逝的成交信号，抓住机会，及时主动地促成交易。

小提示

客服在交流时可采用如下话术促成交易：

“您若喜欢就拍下吧，适合您的款式就剩最后几件了。”

“您好，店铺促销活动只针对前 10 名顾客。”

（3）不要轻易地亮出“王牌”。客户从对产品产生兴趣到最终做出购买决定，是需要一定时间的。客服在实际的工作中，要学会保留一定的退让余地，不要轻易亮出“王牌”。有的客服在刚刚开始接触就把所有的优惠条件全盘提出了，当被要求必须再做出一些让步才能成交时，就没有了退让的余地，会处于一种很被动的境地。因此，客服应该讲究技巧，不到万不得已的时候，不要把最后的“王牌”亮出来。

小提示

在成交的关键时刻，客服可以进一步展示重点，增强客户的购买决心，如“您好，价格我真的做不了主，看您也是诚心想买来送给外婆，您告诉我想对外婆说的话，我亲自帮您写一张卡片和衣服一同寄出好吗？”“您好，满 88 元仓库随机送一份小礼品哦，现在下单今天就可以给您发货呢！”

（4）正确对待没有成交的客户。成功的销售总是从被拒绝开始的。第一次接触就能成交的概率总是很低，但是第一次被拒绝并不意味着失败，用心服务客户、与客户交朋友，最后就有可能成交。对于没有成交的客户，客服应该想办法鼓励客户收藏店铺或产品、加入卖家的客户服务群、成为卖家的微博粉丝及微信好友等。

知识拓展

开发新客户的意义

积极发展新客户是企业扩大业务量的希望所在。企业现有客户的需求可能不会在短时间之内快速增长，需要不断进行新客户的开发和培养。企业如果能够不断发展新客户，从客户的角度出发为其提供满意的产品及服务，提升新客户的满意度和提高企业销售业绩，企业的发展前景就会比较好。

扫一扫

维护老客户的途径和方法

二、维护老客户的途径和技巧

1. 维护老客户的途径和方法

（1）明确客户需求，细分客户，积极满足客户需求。学会从客户的角度思考问题，为客户的利益着想，最后达成双赢的局面，而不单纯只是买卖关系。积极满足客户需求的方法主要有：

1）利用优惠措施加强与客户的沟通交流。为客户提供更多优惠措施，如数量折扣、赠品、秒杀、试用、更长期的赊销等；经常和客户沟通交流，保持良好融洽的合作关系。

2）提供个性化服务。不仅仅停留在向客户销售产品层面上，要主动为客户量身定做一套适合的系统化解决方案，在更广范围内关心和支持客户发展，增强客户的购买力，扩大其购买规模，或者和客户共同探讨新的消费途径和消费方式，创造和推动新的需求。

3）特殊客户特殊对待。根据80/20原则，企业利润的80%是由20%的客户创造的，并不是所有的客户对企业都具有同样的价值，有的客户带来了较高的利润率，有的客户对于企业具有更长期的战略意义。美国《哈佛商业评论》发表的一篇研究报告指出：多次光顾的客户比初次登门的客户可为企业多带来20%～85%的利润。所以善于经营的企业要根据客户本身的价值和利润贡献来细分客户，并密切关注高价值的客户，保证他们可以获得应得的特殊服务和待遇，使他们成为企业的忠诚客户。

（2）建立客户数据库，提供个性化服务。在信息时代，客户通过互联网等各种便捷的渠道可以获得更多更详细的产品和服务信息，这使得客户比以前更加聪明、强大，更加不能容忍被动的推销。收集老客户的信息，包括客户的基本信息，以及客户的性格、脾气、爱好、主要对企业哪些产品感兴趣等。了解客户，针对每个客户的需求，提供个性化服务，可增强与客户的感情纽带。

（3）深入与客户进行沟通，防止出现误解。客户的需求不能得到切实有效的满足往往是导致企业客户流失的最关键因素。

一方面，企业应及时将经营战略与策略的变化信息传递给客户，便于客户工作的顺利开展。同时应把客户对企业产品、服务及其他方面的意见、建议收集上来，将其融入企业各项工作的改进之中。这样，既可以使老客户知晓企业的经营意图，又可以有效调整企业的营销策略以适应客户需求的变化。

另一方面，善于倾听客户的意见和建议，建立相应的投诉和售后服务沟通渠道，鼓励客户提出意见，及时处理客户不满。如设计调查表，通过电子邮件发送给客户，了解客户对产品及服务的满意度。

（4）制造客户离开的障碍。保留和维护客户的一个有效办法就是制造客户离开的障碍，使客户不能轻易去购买竞争者的产品。因此，从企业自身角度上，要不断创新，改进技术手段和管理方式，提高客户的转移成本和门槛；从心理因素上，企业要努力和客户保持密切关系，让客户在情感上忠诚于企业，对企业品牌、价值观和产品产生依赖和习惯心理。

（5）注重老客户回访。电子商务企业要注重对老客户的回访，老客户回访主要有以下四种方式：

1）即时聊天工具回访：如通过阿里旺旺、QQ、微信等即时聊天工具对客户进行回访，了解客户对产品的意见及建议等；

2）电子邮件回访：利用电子邮件征求客户关于产品或服务需要改进的建议等；

3）电话回访：定期与客户的电话沟通会增加亲切感，并让客户感觉到被企业重视；

4）登门拜访：对于重要的老客户，可安排登门拜访以体现企业对客户的重视。

(6) 不断培训服务人员，培养忠实的员工。要保持客户忠诚必须从员工着手，忠实的员工才能够带来忠实的客户。具体可采取以下手段：

1) 注重员工培训、教育，为员工提供发展、晋升的机会；

2) 为员工尽可能创造良好的工作条件，以利于他们高效地完成工作；

3) 切实了解员工的各种需求，并有针对性地加以满足。

2. 维护老客户的技巧

(1) 保持持续的热情。不要让客户感觉到企业对老客户的服务随着订单的成交而趋于松懈。看似简单的工作，例如售后服务，如果持续为客户提供优质服务，会让客户对企业的信任感在潜移默化中增强。

(2) 提升服务意识。客服要有长期维护客户关系的意识。与客户的情感交流是企业用来维系客户关系的重要方式，时常与客户联络感情，如节日的真诚问候、过生日时的一句真诚祝福、纪念日的一张卡片，都会使客户深为感动，让他们体验到合作的愉快心情。

(3) 对客户进行分类。按客户的消费层次、风格、会员等级等对客户进行分类，既方便管理，又能针对性地给这些客户推送一些特殊活动。

(4) 建立互动平台。可以建立 QQ 群、微信群或旺旺群等，把老客户邀请进群，不定时在群里做一些活动，活跃群里的气氛，增强客户认同感。

(5) 与客户保持联系。在重要节日、客户生日当天等，可以通过阿里旺旺或手机给客户发送祝福信息；在店铺开展促销活动时，也可向客户推送活动信息，从而加强与客户的联系。但是切记，发送信息不能太频繁，否则会让客户反感，导致客户删除或是屏蔽卖家发过去的信息。

知识拓展

维护老客户的重要性

维护老客户对每个企业来说都是非常重要的，其重要性主要体现在：

(1) 增强企业竞争优势。企业的服务已经由标准化细致入微服务阶段发展到个性化客户参与阶段。成功的电子商务企业和客服人员，把留住老客户作为头等大事来抓。

(2) 降低企业成本。发展一位新客户的投入远高于巩固一位老客户，确保老客户再次消费，是降低销售成本和节省时间的最好方法。

(3) 有利于发展新客户。在商品品种繁多的情况下，老客户的推销作用不可低估。

(4) 有利于获取更多的客户份额。忠诚的客户愿意更多地购买企业的产品和服务，忠诚客户的消费支出是随意客户消费支出的 2～4 倍，所以必须要千方百计留住老客户。

任务实施

本任务需要利用网络查找信息，了解网店开发新客户和维护老客户的途径和方法，了解阿里巴巴发布的大数据商家服务平台——聚星台的内容与功能。具体安排如图 7-6 所示。

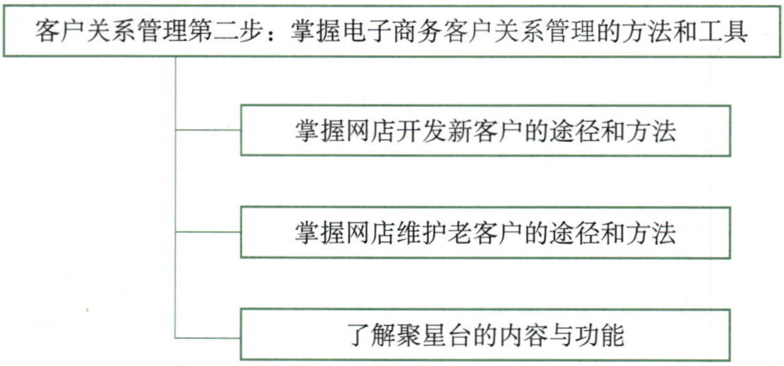

图 7-6　掌握电子商务客户关系管理的方法和工具

STEP1　掌握网店开发新客户的途径和方法

利于网络收集网店开发新客户的途径和方法，完成表 7-8 的填写。

表 7-8　开发新客户的途径和方法

开发新客户的途径	具体操作方法

STEP2　掌握网店维护老客户的途径和方法

利于网络收集网店维护老客户的途径和方法，完成表 7-9 的填写。

表 7-9　维护老客户的途径和方法

维护老客户的途径	具体操作方法

STEP3 了解聚星台的内容与功能

利于网络收集聚星台的信息，完成表 7-10 的填写。

表 7-10 聚星台介绍

内容		介绍
聚星台简介		
聚星台入口		
聚星台五大产品中心	1	
	2	
	3	
	4	
	5	
聚星台两个核心引擎	1	
	2	
千人千面		
一客一策		

任务小结

企业客户关系管理主要包括开发新客户和维护老客户，本任务介绍了电子商务企业开发新客户和维护老客户的途径及方法，重点介绍了电子商务客服人员进行新客户开发和老客户维护的途径与技巧。

综合练习

一、判断题

1. 客户关系是指企业为达到其经营目标，主动与客户建立起的某种联系。(　　)

2. 科特勒把企业与客户之间的关系归结为基本型、被动型、能动型、伙伴型及负责型等五种类型。(　　)

3. CRM 是为企业提供全方位的客户视角，赋予企业更完善的客户交流能力和最大化的客户收益率所采取的方法。(　　)

4. 客户关系管理的最终目标是吸引新客户、保留老客户以及将已有客户转为忠实客

户，降低市场份额。（　　）

5. 企业需要不断培训服务人员，培养忠实的员工，因为忠实的员工才能够带来忠实的客户。（　　）

二、选择题

1. 客户关系管理的英文简称是（　　）。

A. MSN　　B. CRM　　C. CMR　　D. ERP

2. 与传统的客户关系相比，现代电子商务环境下的客户关系管理特点不包括（　　）。

A. 稳定性　　B. 针对性　　C. 整合性　　D. 技术性

3. 下列不属于客户关系管理目标的是（　　）。

A. 更好地认识和发现实际的或潜在的客户

B. 挖掘、获得、发展和避免流失有价值的客户

C. 避免或及时处理“恶意”客户

D. 与客户交朋友

4. 下列关于客户关系管理作用的表述，错误的是（　　）。

A. 提高客户满意度和忠诚度　　B. 增加企业管理和营销成本

C. 创造双赢的效果　　D. 建立商业壁垒

5.（　　）是从客户满意概念中引出的，是指客户满意后而产生的对某些产品、品牌或企业的信赖和维护，以及希望重复购买的一种心理倾向。

A. 行为满意　　B. 客户满意度　　C. 理念满意　　D. 客户忠诚

三、操作题

1. 利用网络收集信息，并结合自身网购体验，总结老客户重复购买与哪些因素有关。

2. 假设你在淘宝网上开了一家饰品店，你将如何开发新客户？请写出你的思路和具体实施过程。

参考文献

[1] 龚芳．网店客服．北京：中国轻工业出版社，2020.
[2] 刘建珍，刘亚男，陈文婕．网店金牌客服．2版．北京：人民邮电出版社，2021.
[3] 罗颖．电子商务客户服务．重庆：重庆大学出版社，2021.
[4] 白东蕊．网店运营与管理．2版．北京：人民邮电出版社，2021.
[5] 方荣华，李美．电子商务客户服务．2版．北京：电子工业出版社，2021.
[6] 青枫．淘宝网店金牌客服实战．2版．北京：人民邮电出版社，2021.
[7] 王利明．电子商务客户服务与管理．北京：电子工业出版社，2023.
[8] 仇精斌．从零开始学销售技巧．北京：中国铁道出版社，2022.
[9] 刘桓，刘莉萍，赵建伟．网店客服．2版．北京：人民邮电出版社，2023.
[10] 吴军．网店客服．北京：电子工业出版社，2021.
[11] 黄芳．客户关系管理实务．2版．北京：人民邮电出版社，2022.
[12] 于含．网店运营与管理．北京：机械工业出版社，2021.
[13] 苏朝晖．客户关系管理：理念、技术与策略．北京：高等教育出版社，2021.

图书在版编目（CIP）数据

电子商务客户服务/周艳红主编．--2 版．--北京：中国人民大学出版社，2023.7
ISBN 978-7-300-30958-3

Ⅰ.①电… Ⅱ.①周… Ⅲ.①电子商务—商业服务—职业教育—教材 Ⅳ.①F713.36

中国版本图书馆 CIP 数据核字（2022）第 159593 号

"十四五"职业教育国家规划教材
"十三五"职业教育国家规划教材
中等职业教育实战型电子商务系列教材
电子商务客户服务（第二版）
主　编　周艳红
副主编　辛丽如　郭　明　沈　虹
参　编　李　娜　郑绪佳　魏　瑾　陈　曦
Dianzi Shangwu Kehu Fuwu

出版发行	中国人民大学出版社		
社　　址	北京中关村大街 31 号	**邮政编码**	100080
电　　话	010－62511242（总编室）		010－62511770（质管部）
	010－82501766（邮购部）		010－62514148（门市部）
	010－62511173（发行公司）		010－62515275（盗版举报）
网　　址	http://www.crup.com.cn		
经　　销	新华书店		
印　　刷	北京昌联印刷有限公司	**版　　次**	2020 年 1 月第 1 版
开　　本	787 mm×1092 mm　1/16		2023 年 7 月第 2 版
印　　张	12	**印　　次**	2025 年 8 月第 15 次印刷
字　　数	282 000	**定　　价**	33.00 元